시선의 무늬

수필세계사가 만든 우리시대의 수필작가선 120 김봄 수필집

우리시대의 수필작가선 120

시선의 무늬

김봄 수필집

수필세계사

프롤로그

바라보는 일, 살아가는 일

　우리는 매일 같이 무언가를 본다. 익숙한 얼굴, 스치는 풍경, 묵은 물건들, 잠시 머문 하늘. 그러나 '본다'는 것이 단지 눈으로 보는 일이 아니라는 걸, 나이가 들수록 더 자주 느낀다. 어떤 장면은 오래 마음에 남고, 어떤 순간은 잊었다가 문득 다시 떠오르며 그때는 보이지 않던 무늬를 보여준다. 같은 사물도, 같은 사람도, 같은 사건도 내가 서 있는 자리, 마음의 상태, 시간의 간격에 따라 전혀 다르게 보이곤 한다. 삶은 그렇게, 시선의 무늬로 짜여져 있다.
　나는 오랜 시간을 돌보며 살아왔다. 가족을 위해, 마당의 정원을 위해, 나를 둘러싼 삶을 위해 애써왔지만 정작 내 안의 결을 찬찬히 들여다보는 일에는 서툴렀다. 그러다 문득, 내가 바라본 장면들 속에 고요한 감정의 무늬들이 숨어 있다는 걸 알게 되었다. 그 무늬들을 조심스럽게 펼쳐 적은 것이 이 글들이다. 어릴 적 아버지의 손을 바라보던 시선, 전원 마을에서 마주한 이웃의 눈빛, 취업을 준비하는 딸아이의 어깨 너머로 흐르던 계절의 빛, 길을 지나며 마주한 단상들 그 모든 것들이 나만의 방식으로 세상을 바라본 흔적이었다.

　이 수필집은 삶을 어떻게 바라보느냐에 따라, 삶이 얼마나 달라지는지를 보여주는 이야기들이다. 소란스럽지도, 대단하지도 않지만 그 안에는 분명 삶을 지탱해준 조용한 시선들이 담겨 있다.

　혹시 이 책을 읽는 동안 당신의 마음 한 구석에서도 잊고 있던 감정이 반짝 떠오른다면, 그 또한 당신 안의 시선이 깨어난 순간일 것이다.

　당신의 시선에도, 당신만의 무늬가 있다. 이 책이 그것을 발견하는 데 작은 빛이 되기를 바란다.

2025년 가을
별꽃누리에서

차례

프롤로그

제1장
머물러 있는 시선

013 별보 집 아이
018 바퀴의 기운
022 노래 아닌 노래
026 콜라병 운명
030 아버지의 손
035 삶의 배경이 되다
040 비빌 언덕
044 저구猪口부두
048 재첩잡이
053 신방나루와 벚굴
057 분홍빛 허기

제2장
관계의 시선

나의 케렌시아	063
택호 신고식	066
길재 어르신	071
인생 도우미	075
무언의 말	080
도로 아미타불	084
해병대 아저씨 1	090
해병대 아저씨 2	094
잊히지 않을 권리	098
밥 냄새에 소회를 싣고	102
고개 숙인 정	107

제3장

사이의 무늬

115 껴묻거리
119 부자마을 사래기와
123 기다림의 얼굴
127 부적으로 위장한 러브레터
131 제2 라운드
135 기억을 우려내다
139 노을에 비친 두 얼굴
143 가깝고도 먼 당신
147 곶감과 어머니
151 생일의 의미
155 양파 까는 남자

제4장
틈새의 무늬

간격의 지혜	161
흉터보다 모성	165
마음 사이, 그 틈	170
노점상 할머니	174
어미 개의 모정	178
아버지의 옷	183
주저하지 않는 손길	186
길 잃은 빵	190
유자차를 마시며	194
희한한 질문에 그럴싸한 답	197
아줌마와 할매 사이에서	201

제5장

지금, 여기

- 207 시선의 무늬
- 211 검버섯 서사
- 215 모셔둔 마음
- 219 마지막 배송
- 223 뒤에서 흘린 눈물
- 228 재 한 줌을 만난 기적
- 232 흘릴 수 없는 생각
- 236 다정도 병인 양하여
- 240 꽃길 언저리
- 244 그 많은 올챙이들은 어디로 갔을까

- 248 발문

제1장

머물러 있는 시선

클레마티스 / 40×70 / 혼합재료 / 2024

유년과 부모, 가장 오래 남아 있는 풍경을 바라보다

누구에게나 마음속에 머물러 있는 시선이 있다. 추억이 지금도 생생하게 떠오르는 이유는 그것들이 삶의 바탕을 이룬 풍경이기 때문이다. 세월이 흐르며 많은 것들이 바뀌었지만 그 시절의 공기, 목소리, 냄새, 체온은 기억 저편에서 늘 제자리처럼 머물러 있다. 바쁘게 살아오느라 잊고 지낸 것들을 문득, 나는 다시 바라본다.

이 장은 나를 키워준 시간들에 대한 조용한 응시이다. 잊지 않으려고 쓴 것이 아니라, 잊을 수 없기에 자연스럽게 되살아난 이야기들. 머물러 있는 그 시선을 따라가면 나는 다시, 나의 시작에 서 있게 된다.

별보 집 아이

 어릴 때 우리 마을에 엿장수 집이 있었다. 그 집에는 할아버지와 아저씨 부부 그리고 내 또래의 아이 경수가 살았다. 할아버지는 청각장애를 가졌고, 아저씨는 말을 할 때 한쪽 입가가 심하게 위로 올라가 언어 전달이 제대로 되지 않는 장애가 있었다. 아주머니는 생활하는 데는 크게 영향을 미치지 않을 정도의 소아마비 장애인이었다. 이 집에서 유일하게 장애가 없는 식구는 어린 아들인 경수였다.
 외형상으로는 온전하지 못한 가족 구성원이었지만 그들은 서로 부족한 부분을 메워주며 동네에서 제일 먼저 굴뚝에서 연기나는 집으로 기억할 만큼 부지런했다. 무엇보다 달달한 엿을 언제든 먹을 수 있겠다는 생각에 경수가 참 부러웠다. 아저씨 부부는 낮이면 어느 곳으로 가는지는 모르겠지만 엿을 팔러 다녔고, 날씨가 궂은 날에는 집에 머물렀다. 아저씨 부부가 집에 있으면, 엿 사 먹을 생각에 없던 고물도 생길 것 같아 괜스레 좋았다.

동네에 엿장수 집이 있다는 건 행운이었다. 옆 동네 아이들마저 부러워했으니 말이다. 집집이 못 쓰는 농자재나 낡은 가재도구들에서 분리된 고철이나, 유리병과 고무를 모아 두었다가 양이 좀 되면 엿으로 바꾸었다. 아저씨는 눈대중 저울로 그야말로 엿장수 마음대로 엿을 떼어 주었다.

어린 눈에 널찍한 사각 엿 모판이 방을 메울 만큼 크게 보였다. 엿칼로 툭툭 쳐 떼어내는 소리에 어깨가 들썩이고, 입안에서는 이미 침이 고였다. 아저씨는 그런 나를 보며 맛보기로 파치를 주기도 했는데 그럴 때마다 냉큼 받아 입속에 넣기에 바빴다. 입안에 쩍쩍 달라붙는 엿을 씹어 생긴 단물이 입가로 흘러내렸다. 그 정도로 기막힌 맛에 엿은 최고의 군것질이었다.

엿 맛을 보고 나면 입이 더 감질났다. 엄마가 달챙이 놋숟가락으로 감자 껍질을 벗기거나 가마솥에 누룽지를 긁어모을 때마다 저것이 어서 무지러져 엿이 되기를 바랐다. 댓돌 위에 놓인 할머니의 멀쩡한 고무신이 생채기라도 나서 그곳으로 들고 가는 상상을 했다. 밑이 은색으로 닳은 애먼 양은 세숫대야는 엄마 몰래 내동댕이 수난을 겪기 일쑤였다. 여하튼 간에 그것들이 엿이 될 날을 호시탐탐 노렸다

하루는 온 집을 헤매어도 엿으로 바꿔 먹을 만한 고철이 보이지 않았다. 결국 창고에 방치되어 있던 할머니의 쇠 요강이 타깃이 되었다. 뒷일은 나 몰라라 하고 혓바닥의 달달한 호사로 폴짝폴짝 뛰어다니며 신이 난 하루를 보냈다.

영원한 비밀로 하자던 일은 엿 조각을 누구보다도 입속에서 오래 녹혀 먹던 막냇동생의 고자질로 들통이 나고 말았다. 당장 가서 찾아오라는 할머니의 불호령에 주춤거리며 엿장수 집으로 갈 때, 발걸음이 천근만근과도 같았다. 얼굴에 창피함을 깔고 손을 어색하게 꼬고 있었더니 경수는 예견이라도 한 듯 배시시 웃으며 몰래 요강을 내어 주었다. 나뿐만 아니라 이런 일이 한두 번 있는 일이 아니어서 경수는 누가 무얼 들고 왔는지 아는 것 같았다. 고맙다는 말도 못 하고 누가 볼세라 얼른 자리를 피했다. 냅다 뛰다가 슬쩍 돌아보니 경수가 어서 가라고 손짓을 하는데 또래라서 자존심이 더 상했다.

경수 할아버지는 큰 고철이나 고물이 들어오면 마당가에서 저울 재는 일을 했다. 어른들은 엿장수 집을 말할 때 '별보 집'이라고 했다. 할아버지의 별칭이 '별보'였다. 개구쟁이 또래 아

이들은 왜 별보인지 무척 궁금해서 주위에 물어보면 예전부터 그렇게 불렀다고만 말하지 의문을 해소해 주지는 못했다.

동네 아이들은 짐작으로 할아버지가 작은 체구에 얼굴은 쭈글쭈글 주름으로 덮여있어 못생겨서 별보라고 부른다고 단정지었다. 그래서 귀가 들리지 않는 할아버지가 보일 때마다 '별보'라고 부르면서 도망을 쳤다. 할아버지는 그러든가 말든가 신경 쓰지 않고 묵묵하게 일만 했다.

그날도 우리는 골목을 지나가다가 할아버지가 보이자 "별보다!" 큰 소리로 말해 놓고 줄행랑을 치는데 뒤로 검정 고무신 한 짝이 잽싸게 날아왔다. 그리고 경수의 힘찬 한마디가 따라 붙었다.

"너그는 바보들이네. 별보가 무슨 뜻인고 아나? 별처럼 아름다운 보석이라는 뜻이거든."

못생겨서 별보라고 확신했던 우리는 처음으로 들어 보는 고급 진 해석에 호되게 당한 느낌이었다. 정말 그런 뜻이라면 억울하기 짝이 없었다. 그날 이후 우리는 별보라고 부르지 않았다. 아니, 그렇게 부를 수가 없었다.

그 다음 해 가을, 학교에서 돌아와 드디어 못 신게 된 할머니 고무신을 들고 촐랑거리며 엿장수 집으로 갔더니 마당에 짐이 수북하게 쌓여 있었다. 경수는 입이 삐죽 나와서는 먼 곳으로 이사를 간다고 했다. 나는 경수와의 이별보다는 엿을 먹을 수 없게 되었다는 사실이 더 슬퍼서 눈물이 날 지경이었다. 어디선가 소식을 듣고 이내 아이들이 하나둘 모여들었는데 하나같이 표정이 침울했다.

마당의 짐이 트럭에 마저 실리고 바퀴가 돌아 우리 곁을 스쳐갈 때 왜 닭똥 같은 눈물이라고 표현하는지를 알게 되었다. 짐칸에 실려 손 흔드는 경수 옆으로 어긋지게 실린 엿판이 비포장 돌부리를 넘을 때마다 작별 인사를 하는 듯 들썩거렸다. 모퉁이를 돌아설 즈음에 경수가 우리를 향해 목청껏 외쳤다.

"야, 이 별보들아, 잘 살아라!"

엿장수 집 굴뚝 연기도 멈췄고, 찰그락거리던 엿 가위질 소리도 사라졌다. 텅 빈 마당에 우뚝 선 감나무만이 시간의 흐름을 지켜보고 있었다. 한동안 단맛을 훑은 자리는 참으로 크게 느껴졌다.

가을 밤하늘에 별이 총총거린다. 별만 보면 그때의 경수가 생각난다. 경수는 지금 어느 곳에서 살고 있을까. 별처럼 빛나는 보석으로 살고 있기를.

바퀴의 기운

　기차 바퀴가 유난히 크게 보이는 꿈을 꾸었다. 어디로 가는지도 모르겠고, 기차의 형체가 보이는 것도 아니고, 오직 달리는 기차 바퀴만 보였다. 스토리 없는 꿈이었지만 선연했다.
　다음 날, 학교에서 돌아와 마당으로 들어서는데 처음 보는 자전거가 서 있었다. 바퀴가 지난밤 꿈속에서 본 기차 바퀴 크기와는 견줄 바가 아니었지만, 쌍둥이처럼 닮아서 훑어보았다. 몸체가 빨간색에다 삼천리호 글자가 새겨 있고, 날렵하게 생긴 모양새로 봐서 여성용 같았다. 맵시 좋은 자전거가 왜 저기 서있을까 궁금했지만 내 자전거라고는 생각을 못했다.
　초등학교 마지막 겨울방학 때 자전거를 배웠다. 아랫마을과

윗마을 중간에 있는 우리집은 삼각 꼭짓점에서 양쪽으로 내려가는 길에 놓여 있었다. 평평한 마을 앞 부둣가까지 조심스럽게 내려가야 자전거를 탈 수 있었다. 짐칸이 붙은 시커먼 자전거는 크기가 우람해서 어린 체구가 다루기에는 힘에 부쳤다.

  낮으로 집을 비우는 부모님 몰래 나보다 큰 자전거를 끌어서 오르내렸다. 후들거리는 다리로 겨우 평지까지 내려왔지만, 자전거에 몸을 얹는 것조차도 힘들었다. 뒤에서 잡아주는 사람도 없이, 길 난간에다 한 발을 올려 발판을 움직였다. 비틀비틀 곡예는 당연지사고, 넘어지는 것은 노래 가사의 후렴구처럼 반복되었다. 자전거는 결코 호락호락하지 않았다. 팔짱을 끼고 같잖다는 듯이 나를 보고 있는 것 같았다. 그럴수록 오기가 불끈거렸고, 결국에는 진흙탕 막장 싸움이 시작되었다.

  하루는 동구 밖 수로에 자전거와 같이 떨어졌다. 동네 안에는 사방에서 내려오는 물줄기를 한곳으로 모아 강으로 내보내는 수로가 있었다. 겨울 건조기라 흐르는 물이 말라 있어서 천만다행이었다. 정비되지 않은 돌바닥으로 자전거와 같이 떨어졌으니 충격은 컸다. 자전거가 간발의 차라도 뒤에 떨어졌더라면 내 작은 몸을 덮쳤을 것이다. 꼼짝달싹도 못할 상황에서 나는 죽을 수도 있겠다는 공포감을 느꼈다. 다행히 지나가던 아저씨가 발견하여 겨우 살았다.

몸은 상처투성이었고 아파서 제대로 걸음도 못 걸을 정도였지만 자전거는 그 당시 워낙 튼튼한 무쇠 구조물이라 멀쩡했다. 너덜너덜해진 몸으로 자전거를 끌고 집으로 올라가면서 얼굴에 상처가 안 생긴 것을 다행으로 여겼다. 그 몸으로 어떻게 집까지 자전거를 끌고 올라갔는지 모르겠다. 어린 마음에 부모님이 이 일을 아시면 혼이라도 내실까 두려움이 컸다.

자전거는 아무 일 없었던 듯 그 자리에 서 있었고, 부모님은 나의 이런 자전거와의 악전고투를 아실 리가 없었다. 어디 뼈라도 부러졌을 상황이었는데 다행스럽게 옷 속에 감춰진 상처와 멍투성이만 남았다. 밤새 앓긴 했지만 자전거에 지는 것 같아 분함이 끓어올라 뒷날 절뚝거리며 다시 자전거를 끌고 나갔다. 돌이켜 보면 자전거를 통해 끈기와 최선을 다한다는 것이 뭔지를 그때 배운 것 같다.

자전거 타기를 독학으로 완수할 즈음, 중학교에 입학했다. 무게감이 생긴 책가방을 메고 비포장길을 사십 분이 넘도록 걸어야 하는 등굣길은 힘이 들었다. 그렇다고 아버지 자전거를 타고 학교로 가기에는 생각도 못할 일이었다. 그러던 중에 달리는 기차 바퀴 꿈을 꾸었고, 새 자전거가 생겼다. 아무리 생각해도 지난밤 꿈은 뒷날을 암시하는 예지몽인 것이 분명했다.

아버지는 나의 이런 사정을 모른 척, 못 본 척했지만 사실은 다 알고 계셨던 것이었다. 내 자전거라는 소리에 환호를 지르며 날개를 단 기분으로 동네 아래 평지 길로 가뿐하게 끌고 내려갔다. 그리고선 꿈속 기차 바퀴를 연상하며 자전거 바퀴를 힘차게 굴렸다. 더 이상 비틀거리는 곡예도 없었고, 끈기의 힘을 돋아 준 수로를 웃으면서 지나갔다.

목표를 세우면 아무리 힘들어도 포기를 모르고 끝내 해내고야 마는 근성이 그 어린 날의 자전거 배우기에서 비롯되었다. 지금도 선명한 꿈속의 기차 바퀴는 자전거 바퀴가 되어 내 안에서 좋은 기운으로 흐른다.

노래 아닌 노래

언제부턴가 생긴 버릇이 있다. 생각이나 감정을 흩트리고 싶을 때 나도 모르게 노래를 부른다. 형식을 갖춘 노래가 아니라 현재의 심리상태와 어긋나는 가사를 한 소절 정도 만들어 곡을 붙인 단순한 반복조의 노래다. 잘 돌아가던 카세트 테이프가 후크에 걸려 한 부분만 계속 반복되듯이 기계적인 소리를 내다가 내가 지금 무슨 노래를 하고 있지 할 쯤 되면 자동적으로 멈춘다. 그러면서 또 내가 감정에다 탈을 씌웠구나 한다. 이 무의식의 버릇은 동생에게 배운 것이다.

동생은 아버지의 희망이었다. 개천에서 용이 되기를 바라는 아버지의 기원으로 초등학교를 마친 동생은 서울로 진학했다.

경상도 촌놈이라는 놀림에 자연스레 기가 죽은 동생은 공부만이 살길이고 부모님께 효도하는 길이라고 학업에 매진했다. 그렇게 서울 생활을 하던 동생은 의지하여 살던 작은아버지의 사업 계획으로 갑자기 대구로 내려오게 되었다. 자신의 의지와 다르게 그곳 고등학교에 입학을 했다. 낯선 곳에서의 적응이 또 시작된 것이었다.

그 해에 나는 대입 학력고사를 치렀다. 대학을 지원한 후 발표를 기다리는 기간 동안 때마침 방학이기도 해서 동생을 보러 갔다. 동생은 기타를 언제 배웠는지 의젓한 모습으로 노래를 불러 주었다. 즐겨 듣는 팝송이라며 테이프도 주었다. 우리는 그동안 나누지 못했던 오누이 정을 한꺼번에 나누기라도 하듯 정겨운 시간을 보냈다. 훗날에 동생과 보내는 이 시간이 추억이 되어 대중가요보다 팝송을 즐겨 들으며 팝송 마니아가 될 줄 누가 알았겠는가.

하루는 작은아버지가 운영하는 공장 마당 구석의 화장실에서 노랫소리가 들렸다. 누군가 했더니 동생이었다. 노래를 무슨 화장실에서 부르냐고 했더니 동생은 피식 웃으면서 가슴 아픈 이야기를 해주었다. 처음 서울로 갔을 때 엄마가 보고 싶으면 화장실로 가서 노래를 부르면서 울었는데 그게 지금까지 습관처럼 이어져 화장실에만 가면 노래를 부른다고 했다. 동생의 말에 나는 아무 말도 하지 못했다.

  나는 그때까지 몰랐었다. 서울로 전학 간다기에 마냥 부러웠고, 타지에서 공부하는 동생이 부모님의 특혜를 받는 것 같아 시샘이 났다. 하지만 그 한마디에서 동생이 한없이 가엾게 보였다. 초등학교를 졸업하고 한창 엄마 품을 맴돌 나이에 모든 것이 어색하고 낯선 타지에서 부모형제가 얼마나 보고 싶고 그리웠을까. 보고픈 마음을 노래로 달랬을 동생을 생각하니 가슴이 아렸다. 슬플 때 감정을 숨기며 역으로 즐거운 듯이 노래를 부른다는 것은 참으로 처연한 것이었다. 자식 키우는 부모가 되고 보니 그때 애잔함을 안고 대학 진학을 하기 위해 다시 서울로 갔던 동생은 독립하여 자취를 하면서 또 화장실에서 얼마나 많은 노래를 불렀을까 싶다. 모든 것을 홀로 감당했을 동생은 스스로 부딪히며 익힌 지혜와 강인함이 삶의 토대가 되었을 것이다.

  머나먼 타향에서 그리움을 삭였던 동생은 이제 대기업의 중책을 맡은 임원이 되었다. 무거운 짐을 진 채 복잡한 생각에서 벗어나기 위해 어딘가 화장실에서 노래를 부르고 있을지 모를 동생이 짠하게 다가온다.

  같이 늙어가는 마당에 흰머리가 희끗희끗한 동생을 보고만 있어도 엄마 마음이 생긴다. 주위에서 동생들에 대한 생각이 지나친 거 아니냐고 하지만 슬픔이 내 가슴에 별처럼 박혀있어 어쩔 수 없다.

  동생에 대한 연민이 체화되었을까? 나도 동생처럼 언제부턴가 정체를 알 수 없는 노래 아닌 노래를 부른다. 생각이나 감정을 흩트리기 위해서 심리상태에다 가면假面을 씌우고 생뚱맞은 가사를 지어서 곡을 붙인다는 것은 쉽게 납득이 가지 않을지 모른다. 그러나 세상에 없는 짧은 노래를 반복해 부르면서 생각을 정리하고 감정을 순화하여 자신과 타협의 시간을 가진다. 외로운 사람은 노래 아닌 노래를 붙들고 산다.

콜라병 운명

고향 마을 앞을 지나는 섬진강은 반짝이는 잔물결을 일렁이며 더없이 아름다운 풍경을 만든다.

강변에 살면서 수영을 못 하는 아이들은 나와 동생뿐이었다. 여름이 채 오기도 전에 친구들은 강물에서 놀았지만 우리는 예외였다. 할머니가 강을 지키고 있어서 물에 발 담그기조차 쉽지 않았다. 여름철만 되면 익사 사고가 빈번해서 할머니는 우리가 물에 들어가는 것을 회초리를 들어가며 말렸다. 물과 아주 가까운 부둣가에서 지팡이를 세우고서는 우리를 지켰다. 여차하면 지팡이를 휘두를 판이었다. 할머니가 무서워서 물에 들어가지 못하고 곁에 서서, 아이들이 물장구 치고 노는 모습을 구경만 했다.

　학교에서 돌아오는 길에 부둣가에 이르면 어느새 아이들은 강가에서 진을 치고 있었다. 부채꼴 모양 모래사장 물가로 검은 머리들만 보였다. 시끌벅적하게 노는 자리는 흙탕물이 되어 깊은 물로 퍼져나갔다.

　저들과 같이 섞이고 싶어서 할머니가 지키고 있는 자리를 살피며 호시탐탐 기회를 노렸다. 그러던 중에 웬일로 그날은 할머니가 보이질 않았다. 사방을 살피며 계단 아래 슬쩍 겉옷을 벗어 운동화 위에 뭉쳐놓고 물속으로 들어갔다. 물 만난 고기가 따로 없었다. 물장구를 치며 개구리헤엄이라도 배워보려고 흙탕물을 먹어가며 허우적거렸다. 친구들은 수영을 자연스럽게 터득해 탁한 물 언저리가 아닌 조금 깊은 맑은 물에서 놀았다. 또래 아이들이 콜라병이라 놀려도 어찌나 신나던지 시간 가는 줄 모르고 놀았다. 할머니가 나무 뒤에 숨어서 나를 지켜보고 있다는 것을 알 리 없었다.

　몸에 오돌토돌 냉기가 돋을 때서야 물속에서 나왔다. 그런데 돌계단 아래 돌돌 말아 놓은 옷가지를 아무리 찾아도 없었다. 속옷 차림으로 집까지 가기는 난감한 상황이라 주위를 돌아봐도 옷이 보이질 않았다. 혹시 하는 순간, 저만치서 내 옷과 신발을 허리 뒤춤에 들고 호랑이 같은 얼굴로 할머니가 서 계셨다. 할머니는 나와 눈이 마주치자 한 발을 땅에 굴리듯 찍으며 으름장을 놓고 매몰차게 돌아서 집으로 갔다. 그러니 옷 달라는 말은 언감생심 턱도 없었다. 속옷만 입은 채 까치발로 물을 뚝뚝 흘리며 집까지 걸어 올라갔다. 마당에 들어서자마자 댓바람에 눈물 쏙 빠지게 혼이 났다.

친구들은 강 중간에 생긴 모래톱까지 누가 빨리 헤엄쳐서 가나 내기를 하며 선수처럼 잘했지만, 할머니의 불호령에 나는 물에만 들어가면 콜라병이 되는 신세를 면치 못했다. 거기다 모래를 퍼 나르는 준설로 섬진강 바닥이 깊어지고 바닷물이 올라오고부터 더 이상 수영을 배울 기회는 없었다. 물에서 놀던 풍경 또한 고스란히 사라졌다.

할머니는 그때 친구들과 어우러져 자연스럽게 배워야 할 수영을 끝내 못하게 하고는 내가 스무 살을 갓 넘긴 해에 돌아가셨다. 섬진강이 내려다보이는 곳에 잠들어 계신데 그로부터 이십 년 후에 끔찍한 일이 당신의 아들에게 일어나리라고는 상상도 못했을 것이다.

아버지는 재첩 양식업에 종사했다. 양식업이라 해서 물고기를 키우는 가두리 양식 형태가 아니라, 어업권이 있는 사람들끼리 섬진강 내에 구역을 정해서 어린 종패들을 키웠다. 수확기가 되면 재첩을 채취하여 어린 것을 선별한 후, 다시 방류하여 키우는 자연 양식업이었다. 그 당시만 해도 재첩이 돈이 되니 밤에 몰래 훔쳐 가는 경우가 많았다. 그래서 아버지는 새벽마다 양식장을 살피러 갔다.

더위가 한창 기승을 부리던 8월, 아버지는 여느 때처럼 새벽녘에 양식장으로 나갔다. 부유스레하게 여명이 비칠 무렵, 시동이 켜진 빈 배만 강을 거슬러 올라왔고, 아버지 모습은 보이지 않았다. 지금도 믿고 싶지 않지만 혼자 나간 강길에서 실족사를 당하여 다시는 못 올 길로 떠나고 말았다.

아버지가 수영만 했더라면 그토록 허망하게 가시지 않았을 텐데 그 생각을 떨칠 수가 없었다. 할머니가 부둣가에서 우리를 감시하던 그 위력을 생각해 볼 때 효자였던 아버지가 수영을 배웠을 리가 만무했다. 기억을 더듬어 봐도 아버지가 강에서 수영하는 모습을 본 적이 없었다. 저승에 계신 할머니가 한없이 원망스러웠다. 아버지가 그렇게 돌아가시고 수영에 실린 추억은 슬픔의 무게에 눌려 섬진강은 애증의 강이 되었다.

양지바른 곳에 누워 계시는 할머니는 여전히 강을 보고 있다. 어릴 때는 할머니가 무서워서 수영을 배우지 못하다가, 아버지 돌아가시고는 물이 두려워서 수영과 멀어지게 되었다. 물에서 콜라병인 것은 어찌할 수 없는 내 운명인가 보다.

아버지의 손

　오월 섬진강 바람이 등을 민다. 흰 치마저고리 입고 상여 뒤를 따라 이 길을 오를 때는 발에 천근의 무게가 실린 듯했다. 그 후 십 년의 세월이 흐른 지금, 시도 때도 없이 내려앉는 그리움이 발걸음을 재촉한다. 손에 들린 카네이션 꽃바구니 속에 그날의 기억을 간직한 두유 두 병이 담겨 있다.

　졸업 후 객지에서 첫 직장에 다니던 중이었다. 고향집이 그리워 금요일 밤 기차에 몸을 실었다. 일요일이 특별근무라 토요일 오후에 올라올 심산이었다. 마침 집안의 행사가 있어서 더 달려가고 싶었는지도 모른다. 새벽 1시가 되어서야 역에 도착했다. 출발하면서 도착시간을 전화로 알린 상태라 사촌오빠가 마중을 나와 덕분에 편안하게 집으로 갈 수 있었다.

온전한 하룻밤도 아닌 짧은 밤을 보내고 뒷날은 들뜬 기분으로 사촌들과 즐거운 시간을 보냈다. 아버지가 할머니를 모시고 살다 보니 사돈 팔촌까지 정을 나누는 처지가 되어 한번 모이면 머리수가 많았다. 그 속에서 어울려 시끌벅적 웃다가 보면 시간은 금방 흘렀다. 예정된 시간은 자꾸만 다가오는데, 더 있고 싶은 마음에 심지가 흔들렸다.

저녁 시간이 되자 윷판 분위기에 휩싸여 돌아와야 할 시간을 한참이나 보내고 말았다. 윷판이 끝나갈 무렵 슬슬 걱정되었다. 어렵게 잡은 직장인데다가 사회 초년생답게 성실함과 책임감이 전부였으며, 약속을 어기면 큰일이라도 날 것 같아 마음은 무겁게 나를 짓눌렀다.

그런 나를 안타깝게 지켜보던 아버지는 어차피 차편도 끊겼고 새벽에 가는 기차가 있으니 걱정 말고 그때까지 눈을 좀 붙이라고 했다. 그 시간에 맞춰 꼭 깨워주겠다는 아버지의 철통 같은 약속을 믿고 그렇게 잠이 들었다.

짧은 잠에 꿈속을 헤매다 일어나 보니 시곗바늘이 5시를 넘어 가리키고 있었다. 깜짝 놀라 왜 깨우지 않았느냐고 울먹이기 시작했다. 아버지는 나를 깨우려다 곤히 잠든 모습에 차마 깨울 수가 없어서 버스로 첫차를 태워 보내려 했다고 하셨다. 시간 계산을 해 보니 첫차를 타도 늦지 않겠다 싶어 패악을 접고 갈 채비를 서둘렀다.

 겨울 새벽에 어둠이 걷히지 않은 길을 나섰다. 자전거 뒷자리에 몸을 싣고 아버지 등을 찬바람 막이로 삼아 기대어 울퉁불퉁 비포장 길을 달렸다. 내 두 손은 아버지 점퍼 양 호주머니에 찔러 넣고 얼굴은 아버지 등에 게딱지처럼 붙었다. 새벽바람은 맹수가 포효하는 것처럼 사나운 소리를 내었다. 얼어붙은 섬진강은 추위를 이기지 못해 쩍쩍 갈라지는 소리를 내며 매섭게 파고들었다. 차 시간을 알고 있는 자전거는 페달을 세게 밟아 가속이 붙으니 살을 에는 바람을 만들어 냈다. 아버지와 나는 앞뒤 바람의 차를 두며 한참을 그렇게 달렸다.

 버스터미널에 도착했을 때 이른 시간이라 사람의 모습은 찾아볼 수 없었다. 드문드문 켜진 전등 아래로 허연 냉기가 흘렀다. 아버지는 빈속에 배고프면 안 되니까 뭐라도 먹고 가라면서 나를 가게로 데리고 가셨다. 뻑뻑한 가게 문을 열고 들어서자 잠이 덜 깬 채로 몸엔 담요를 둘둘 감고 있던 가게 주인보다는 앉은 자리 근처에 김이 서린 찐빵 통이 먼저 눈으로 들어왔다.

 찐빵 통은 온장고나 다름없었다. 찐빵 칸 아래로 따뜻한 음료가 자리를 차지하고 있었다. 아버지는 찐빵과 두유를 꺼내어서는 먹으라고 내밀었다. 병에 든 두유는 언 손을 따뜻하게 녹여 줄 만큼 따뜻했다. 찐빵 한입 베어 물고 두유 한 모금 삼켰더니 몸에 금세 온기가 퍼졌다. 그제야 아버지의 벌겋게 언 손이 보였다. 딸의 조급함이 염려되어 늦을세라 장갑도 챙길 겨를 없이 겨울 찬바람을 맞으며 달렸을 아버지를 그때서야 보았다.

가을걷이를 하다가 사고를 당해 성치 않은 손, 거칠고 갈라지고 마디마디 굳은살이 박여 아픔마저 못 느낄 언 손으로 어서 먹으라고 나를 재촉하셨다. 세월이 흘러도 그때의 아버지 손을 잊을 수가 없다. 두유는 목을 타고 흘러 내 심장에 박동을 주고 힘차게 디딜 발끝까지 아버지의 사랑은 피가 되고 살이 되었다.

바지게를 지고 산길을 숱하게 오르내리며 산밭을 일구었던 내 아버지는 그 애착의 땅에 청정무구 하늘을 벗 삼아 누워계신다. 봄빛에 풀만 잡고 노셨는지 산소는 잡초가 무성하다. 손에 잡히는 대로 풀을 뜯다가 입에서 소리 나게 따가워서 보니 집게손가락에 작은 가시가 박혔다. 작은 가시 하나에도 이렇게 아프다는 소리가 나오는데 아버지는 거친 손으로 어찌 사셨을까 싶으니 저절로 한숨이 인다.

상석 위에 카네이션 꽃과 두유 두 병을 놓고 아버지를 만난다. 딸과 함께 봄볕이 스며든 두유를 같이 마시자고 말을 건다. 많이 사랑하고 무척 보고 싶다고 이어지는 나의 일방적인 말을 아버지는 듣고 계시는지 한줄기 바람이 스쳐간다.

삶의 배경이 되다

전자가계부를 쓰기 위해 컴퓨터 앞에 앉았다. 아끼지 않으면 가득 차 있어도 반드시 고갈되고, 아끼면 비어 있어도 언젠가는 차게 된다는 정신 새김의 시간이다. 이 시간만큼은 절약이 형광물질처럼 빛을 발하지만 돌아서면 말처럼 쉽지 않다. 내 절약정신은 헛된 약속이고 부질없는 맹세와도 같다. 그럼에도 불구하고 가계부 쓰기가 스펀지에 물이 스며들 듯 조금씩 변화를 주는 것은 확실하다.

어느 날 통계청 직원이 가정방문을 와서는 표본으로 선정된 가구라면서 가계부 쓰기 협조 요청을 했다. 통계용이라 공개적으로 가계부를 쓴다는 것이 내키지 않아 단박에 거절했다. 성가신 일을 왜 하나, 게다가 평소에 숫자하고는 친하지도 않는데 생각할 여유 없이 손을 저었다. 그러나 직원의 의미 있는 설득에 결국 수락하고 말았다. "나라에 봉사하는 일이니 이렇게 부탁합니다." 그 말이 진정성으로 와닿았다.

그렇게 시작된 일은 양곡가계부 따로 전자가계부 따로 여간 번거로운 일이 아니었다. 양곡가계부는 양곡 소비량과 재고량을 기입하고, 밥할 때마다 쌀과 잡곡 양을 저울에 달아 적어 넣었다. 식구들마다 결식 횟수며, 외식 땐 뭘 먹었는지 기록하려니 정말 머리가 아플 지경이었다. 전자가계부는 일자별 수입과 지출을 세부적으로 구분하여 써야 했다. 날마다 영수증을 모아 밤이면 이것저것 맞춰 기입하면서 생각할수록 후회막급이었다. 달갑지 않은 일이었으니 월 마감할 때는 내 자신에게 만족스럽지 않을 뿐더러 조사원한테는 미안한 마음이 가득했다.

그러던 중에 고향집에 갔다가 장롱 속에서 아버지의 오래된 수첩을 발견했다. 빛바랜 수첩의 표지를 살펴보니 엉성한 바늘땀이 아버지의 노곤했던 삶처럼 박혀있었다. 아버지의 숨결을 느끼며 열어보았다. 손길에 닿고 닳아 실밥이 뜯어진 가장자리 선이 보였고, 때 묻은 통장들이 언제부터 그 자리를 지켰는지 모를 습함으로 우두커니 들어있었다. 농기계 구입 대출통장과 적금통장, 그리고 엄마와 막냇동생 앞으로 된 예금통장 등, 깊이 파인 늙은 주름처럼 접혀 있는 누런 메모지에는 통장에 관한 이력들을 빼곡하게 적어 놓았다. 날마다 만기 날짜를 손꼽아 기다렸을 아버지, 아끼고 또 아끼는 수밖에 없었던 아버지는 은행에서 공짜로 얻은 지갑마저 낡아서 못 쓰게 될 때까지 기워서 사용했던 것이다.

어머니 역시 가계부를 쓰기 시작했다는 내 말을 듣고 거실 한쪽에 놓인 탁자 아래서 무언가를 꺼냈다. 청색 옷이 입혀진 오래된 공책이었다. 겉표지를 소매 끝으로 먼지를 쓱쓱 밀어내며 쑥스러운 듯 받침이 다 틀렸을 거라며 웃지 말고 보라고 내밀었다. 호기심에 얼른 받아서 뭉텅 넘겨 본 지면에는 서툴지만 진지한 엄마의 글씨가 보였다. 아버지 제사장 보기 내역과 가운데 선을 질러 쓴 메모 글 몇 줄이었다. 형식이 갖춰진 것은 아니지만 어머니의 가계부였던 것이다. 아버지 돌아가시고 혼자 그리움으로 사신 엄마는 눌러 쓴 연필이 받은 무게처럼 삶의 무게도 무거웠으리라는 생각에 또 한 번 코끝이 시큰거렸다. 왜 이렇게 써 놓았느냐고 물었더니 엄마는 써야 될 곳에 제대로 썼는가, 사지 않아도 되는 것을 샀는가 그런 일이 없게 하기 위함이라고 했다.

아버지의 낡은 지갑과 엄마의 순박한 가계부는 내가 가계부를 써야 하는 이유가 되었다. 사고의 전환은 긍정의 힘이라고 했던가. 긍정적으로 살피고 효과적인 면에 기대하기로 마음을 고쳐먹었다. 장보기 하면서 품명과 용도를 정확하게 체크하고 영수증은 거스름돈처럼 챙겼다. 친절한 조사원과의 약속을 대충 건성으로 할 수 없어 요구하는 대로 임하려고 노력하는 자세로 바꿨다.

월 마감을 하는 날엔 내 나름의 통계를 내서 덜 써야할 것과 아껴야 할 것들을 구분하여 다음 달 생활비 계획을 세울 때 참고하였다. 그리고 전자가계부 하단부에 있는 오늘의 일정이란 기록란에다 그날의 소비에 대한 반성과 다짐을 메모 형식으로 남겨 근검절약 정신을 몸에 배게 했다. 그뿐만 아니라 월 지급되는 사례금은 받아서 기부금으로 전환했다.

가계부를 쓴다는 건 크게 보아 나라에 봉사하는 일이라 할 수 있다. 합리적인 경제생활로 가정에 보탬 되니 가정주부로서 도움이 되는 것은 말할 것도 없다. 사례금으로 아름다운 기부를 하니 더불어 가는 세상에 함께 하는 국민의 한 사람이 되는 아주 가치 있는 일인 것이다.

그렇게 3년이라는 시간이 흐른 후 조사원에게서 한 통의 전화가 걸려 왔다. 그동안 협조에 대한 감사의 표시로 통계청장상을 주는데 나를 추천했다고 했다. 당장 부끄러워 그럴 자격 없는 사람이니 사양하겠다고 했다. 나보다 더 성실하게 임한 사람이 많을 텐데 오히려 변화된 내가 감사할 따름인데 상까지 주겠다니 안 될 말이었다. 하지만 결국 상을 받았다.

절약하면 텅 비어 있어도 언젠간 차게 된다는 그 말을 신뢰하며, 내가 옳은 선택을 했다는 것이 중요한 것이 아니라 같이 행복한 것이 더 중요하다는 것을 배웠다.

저녁을 먹고 하루를 마감하며 자연스럽게 가계부를 쓴다. 이제 가계부는 내 삶의 든든한 배경이 되었다.

비빌 언덕

　큰아이가 초등학교에 입학할 무렵, 남편이 사업을 하겠다고 대기업 직장을 그만두었다. 나도 그 당시에는 무슨 배포가 있었는지 젊었으니 쓰러져도 다시 일어날 수 있는 기운을 믿고 흔쾌히 받아들였다. 그때만 해도 열심히만 살면 이루어지리라는 희망이 있어서 부족한 것 투성이었지만 견디는 것도 밑거름이라 생각했다.

　사업을 시작하고부터 씀씀이가 나아진 것 같아 만족스러운 나날을 보냈다. 그러나 나와는 다르게 남편은 점점 빛을 잃어 갔다. 사업은 애초 계획처럼 순조롭지 못했고, 속은 곪을 대로 곪아 있었다.

젊은 나이에 사업 경험이 없어 그야말로 밑이 빠진 줄도 모르고 물 붓기를 하다가 힘에 부쳐 나뒹굴어지는 형국을 맞았다. 카드 돌려막기로 근근이 이어가다가 마지노선에서 걸려 이러지도 저러지도 못하게 되었다. 이럴 때 아버지가 조금만 도와주면 막힌 숨통을 틔울 수 있을 것만 같았다.

결혼 전, 아버지는 딸의 가난한 남자와의 연애 소식을 듣고 한달음에 달려와 만남을 반대했었다. 사람 사는 일이 순탄하기만 하겠는가. 힘들 때 의지할 곳 없이 시작한다는 건 기름통을 들고 불로 뛰어드는 일과 마찬가지인 것이었다. 아버지는 꿈자리만 사나워도 첫차를 타고 올라와서는 집으로 가자고 내 두 팔을 끌어당겼다. 그러나 아버지의 끈질긴 설득에도 불구하고 남편과 결혼을 강행하지 않았던가.

카드 회사의 독촉은 물론이고 공과금도 못 내는 상황이었음에도 알량한 자존심에 내색할 수 없었다. 가끔 걸려 오는 부모님 전화에는 아무런 걱정 없이 잘 사는 것처럼 연기를 했다. 그러니 다급한 내 처지를 알 리가 없었다.

그러던 중 아버지가 동네 분 병문안을 하기 위해 딸이 살고 있는 곳으로 예고 없이 올라오셨다. 그때는 이미 세간살이를 줄여 좁은 집으로 이사를 한 상태라 혹시나 아버지가 하룻밤을 묵고 간다고 할까 봐 조바심이 일었다.

그날따라 비가 내렸다. 시외버스 터미널에서 아버지를 만나 병원까지 택시를 탔다. 뒷좌석에 둘이 나란히 앉았다. 아버지는 식구들 안부를 묻고는 차창만을 응시했다. 나는 최대한 단답만 하고 아버지와 반대쪽으로 고개를 돌려서 조심스럽게 숨을 쉬었다. 그동안 아무에게도 말 못하고 속만 태우다가 간밤에 강술을 마셨는데 숨을 쉴 때마다 술 냄새가 코로 나왔다. 아버지가 올라오실 줄 알았더라면 이러한 추태는 보이지 않았을 텐데 아버지가 눈치라도 채실까 염려되어 태연한 척했지만 좌불안석이었다.

병원을 나온 아버지는 일이 많아서 바로 내려갈 테니 버스 터미널로 가자고 했다. 우울한 분위기를 아버지에게 들킬 일이 없어 한시름 놓을 수 있어 다행이었다. 터미널로 이동하는 동안 아버지는 말이 없었다. 곧 떠날 아버지 옆에서 참았던 설움이 터질 것만 같았다. 눈언저리에 눈물이 핑 돌다가 사라지길 반복했다. 하지만 무언은 고개를 치켜들고, '아버지 좀 도와주세요.' 기도처럼 간절함이 목구멍까지 올라왔다. 침 한 번 삼키니 술 냄새가 콧구멍을 막았다.

아버지는 잘 지내라고 손을 흔들며 버스를 타고 떠났다. 뒤돌아서 오는데 그렇게 반대하던 아버지 말을 듣고 비빌 언덕이 있는 남자를 만났더라면 오늘 같은 날이 있었을까 후회가 밀려

들었다. 아버지께 식사 대접은 물론이고 줄어든 살림에 주무시고 가시라고 말 못 한 딸이 되어 고개만 떨군 채 무거운 발걸음을 옮겼다.

 버스를 타려고 정거장에 앉았는데 빗줄기는 내 마음처럼 바닥으로 곤두박질쳤다. 차를 타기 위해 가방 속 지갑을 찾아 뒤적거리다가 하얀 종이에 돌돌 말린 것이 보였다. 지폐 몇 장을 감싼 종이에 한 줄의 글이 쓰여 있었다. '정 힘들면 그때는 이 아버지한테 말해라.' 가방을 잠시 맡기고 화장실 간 사이에 아버지가 넣어 놓았던 것이었다. 나는 세차게 내리는 비에 사람 없는 정거장에 앉아 소리내어 울었다. 그렇게 가슴 치며 아프게 울어 본 적이 없었다.

 돌이켜 보면 아버지는 나에게 비빌 언덕이었다. 아니 큰 산이었다. 그래서 젊은 날에 남편이 무작정 사업에 뛰어들 때도 믿는 구석이 있었다. 하지만 반대가 심한 결혼을 하면서 보란 듯이 잘 살겠다고 다짐했던 탓에 아버지의 언덕을 탐할 수가 없었다. 부모는 자식의 그늘을 금방 알아차린다는 것을 그때는 몰랐다. 웃음이 사라진 딸의 고단한 삶을 폴폴거리는 술냄새에서 이미 알았을 것이다.

저구猪口부두

　영남과 호남의 산그림자가 서로 어우러지는 섬진강 하구 초입에 돼지 아래턱을 닮았다 하여 '하저구下猪口'라고 이름 지어진 마을이 있다. 나는 그 마을에서 나고 자랐다. 옆 동네는 돼지 위턱을 닮았다 하여 이름 붙여진 '상저구上猪口' 마을이 있다. 두 마을은 하동포구 80리가 시작되는 지점에 위치해 있다.
　어릴 때만 해도 강폭이 넓고 수심이 깊어 남해에서 섬진강 물결을 헤치고 고깃배와 큰 상선들이 드나들었다. 5일마다 들어오는 배들은 우리 마을을 거쳤다가 상저구에 정박하여 어물과 생활 물자들을 풀었다. 부둣가는 장이 열려 도붓장사꾼들로 왁자지껄했다. 거기다 전어 생물을 도매로 떼다 파는 동네 엄마을은 서로 좋은 물건을 차지하기 위해서 분주했다. 생활 물품은 주로 도붓장사꾼들 차지가 되고, 생물은 엄마들 차지가 되었다.

부둣가에 살다 보니 너나없이 그날만큼은 농사일을 미루고 돈 되는 행상을 했다. 동네 엄마들은 펄떡이는 전어를 함지박 가득 담아 그늘막 대용으로 댓잎 가지를 수북하게 얹어 머리에 이고서는 사방으로 흩어졌다. 물건의 신선도에 따라 한 푼이라도 더 받을 수 있기에 사방 마을로 사라졌다.

어물이 귀한 가난한 살림에 생선을 먹고 싶지만 돈이 귀한 집은 물건값 대신 잡곡으로 받거나 구황작물로 받았다. 함지박을 비우자마자 다시 채워 무겁게 이고는 해가 뉘엿뉘엿 질 때쯤이면 집으로 돌아왔다.

운이 나쁜 날은 산언덕을 넘어오다가 도적을 만나 허리춤에 찬 전대 속에 돈을 모두 빼앗긴 채 목숨 부지한 것을 다행으로 여겨야 했었다. 운 좋은 날은 값을 잘 치러 일찌감치 팔고 종이봉투에 달라붙은 국화빵을 어린 자식들이 맛볼 수 있었다. 부두 어귀에서 엄마를 목 빠지게 기다리던 아이들은 먹거리가 담긴 함지박이 어쩌면 더 반가웠을지도 모른다.

엄마들은 물건값 대신 받은 알곡들을 차곡차곡 모았다가 때가 되면 이고 지고 거북이처럼 느린 통일호 열차를 타고 자갈치 시장에 가서 내다 팔았다. 그렇게 생긴 돈으로 아이들의 옷가지와 생필품을 샀다. 참 징하게도 생존의 무게를 이겨내며 모질게 살았던 어머니들의 세월이었다.

부두는 5일마다 격동적인 삶의 현장이었다가도 평일에는 아이들이 멱을 감는 곳이었다. 젊은 처자處子들은 삼단 같은 머리를 풀어 감기도 했다. 엄마들은 장이 서면 산골을 누볐지만, 볕이 좋은 날에는 빨랫감을 잔뜩 안고 부두로 나왔다. 간격 없이 앉아 빨래하는 모습은 진풍경이었다. 쉴 새 없이 흐르는 물은 짜지 않고 맑아서 한가로운 풍경을 자아냈다.

내 어머니도 그 속에 있었다. 빨랫감을 물에 푹 담갔다가 찰박찰박 치대기도 하고, 자근자근 빨아대며 방망이질 소리에 원망과 회한도 흘려보냈다. 설렁설렁 흔들어 물에 헹구다 보면 찌꺼기처럼 눌어붙었던 용심들도 씻겨 나가고, 그 순간만큼은 햇볕 아래서 풀어헤친 마음이 자유롭게 날았을 것이다. 어린 나이의 나도 빨래가 하고 싶어 처음으로 막냇동생 면 기저귀 하나를 대야에 담아 빨러 나갔다가 치대는 힘이 없어 누런 자국을 그대로 들고 왔던 적이 있다. 내 생애 첫 빨래라 지금도 기억이 생생하다.

언제부턴가 섬진강 하구에 퇴적물처럼 모래가 쌓였다. 수심이 얕아지고 크고 기다란 모래톱이 형성되었다. 강 한가운데 하얀 모래 등이 나타나 헤엄쳐서 거기까지 건너가는 또 다른 재미가 생겨나긴 했지만 생활 물자를 나르던 큰 배들은 물길이 막혔다. 시끌벅적하던 부두는 점점 생기를 잃게 되었다. 70년대 후반부터는 장기간 준설 사업을 하면서 모래를 마구 퍼 올려 하구 바닥이 낮아지면서 짠물이 밀고 올라왔다. 그러면서 더 이상 큰 상선들은 물론이고 멱 감는 아이들도, 머리 감던 처자들도, 빨래하던 진풍경 모두가 사라졌다.

부두는 과거와 현재를 공존하고 있다. 에너지를 쉴 새 없이 퍼올리던 펌프기 같던 면모가 이제는 재첩 배들이 이야기를 만들어가고 있다. 고향 마을은 재첩특화마을이 되어 새로운 역사를 쓰고 있다. 과거와 현재의 스토리가 살아 숨 쉬는 부두가 하루빨리 옛 모습처럼 분주해지기를 바라는 마음이다.

재첩잡이

　섬진강은 봄빛이 내려앉아 반짝인다. 하얀 모래등 위로 윤슬이 어른거리고, 그 위로 느긋한 물새 걸음이 보일 듯 말 듯하다. 물속에서는 거랭이를 끄는 사람들이 까만 점처럼 더디게 움직이고, 좀 더 깊은 물에서는 재첩 배들이 물결을 가른다. 철을 맞은 재첩잡이가 본격적으로 시작되었다.

　재첩은 모래펄에 서식하는 민물조개다. 원래 경상도 사투리는 갱변의 조개 갱조개인데 요즘은 이름이 정식화되어서 재첩이라고 부른다. 재첩은 그 어원을 가지고 있다. 해감한 후 삶은 조갯살을 걸러내어 그 국물에다 넣고 다시 우려낸다는 뜻이 있는가 하면, 새끼를 치는 번식력이 좋아 하룻밤 사이에 3대를 볼 정도로 첩을 많이 거느린다는 이야기가 있다.

재첩은 봄부터 늦가을까지 채취한다. 봄 재첩은 특히 맛이 좋은데 여름 산란기를 맞아 살이 차서 국물이 진하다. 여름에는 산란기라 살이 적고 국물이 싱겁다. 가을 재첩은 산란 후라 다시 살이 올라 감칠맛이 좋다. 이러한 계절적 요인 때문에 맛이 진한 봄과 가을에 가능한 많이 채취하여 국을 끓여 냉동고에 쟁여 놓고 판매한다. 주문해서 먹는 사람들은 사시사철 재첩 맛이 똑같은 줄 안다. 시기적으로 맛이 다르다고 설명을 해줘도 얄팍한 상술로 오인하는 경우가 있어 그럴 때는 난감하다.

옛날부터 섬진강 하구를 낀 마을의 아낙들에게는 재첩잡이가 꽤나 짭짤한 가욋돈이 되었다. 처음에는 물속에서 손으로 건져 올리는 원시적인 방법으로 채취를 하였다. 그러다가 수확량을 늘리기 위한 방법으로 쇠틀에 톱니가 달린 거랭이라는 도구를 만들어 사용하게 되었다. 거랭이는 긴 대나무 끝에 쇠틀을 달아 만든 도구라서 힘에 부칠 정도의 무게가 나간다. 가슴까지 올라오는 장화 옷을 입고 자신의 키보다 훨씬 큰 거랭이를 끌고 물속에 몸을 맡기는 작업은 엄청나게 체력이 소모되는 일이다.

주로 낙동강과 섬진강에서 재첩이 서식했는데 낙동강 하굿둑 건설을 하면서 낙동강 재첩은 사라지고 섬진강 재첩만 살아

남았다. 양철통을 머리에 이고 재첩 사라고 새벽길을 누비던 재첩국 장수의 살가운 목소리마저 가뭇없이 사라졌다. 애주가들에게 이미 길들여진 입맛을 달래기에는 재첩국 수급이 턱없이 부족하게 되자 자연스럽게 품귀현상이 나고 섬진강 재첩은 귀하게 대접받는 신세가 되었다.

섬진강가 사람들은 하나둘 재첩잡이에 몰두했다. 아낙들의 가욋돈에서 남자들의 가세로 가내 주 수입원이 되기에 이르렀다. 본업이었던 농사일은 이제 뒷일이 되고, 너 나 할 것 없이 물속으로 뛰어들었다. 재첩 어업인이라는 직업군이 자리 잡을 정도다.

욕심이 생기고 그 욕심을 부리다 보면 더한 이익을 내기 위해 수단을 강구하기 마련이다. 어느 날부턴가 배가 섬진강을 휘젓고 다녔다. 좀 더 발전적인 채취 방법의 일환으로 배를 등장시킨 것이었다. 배 후미에 감수기를 달고 망을 씌운 거랭이를 묶어 끌고 다녔다. 강 깊이에 따라 줄을 풀었다 감았다 하면서, 강바닥을 긁어 담아 재첩을 건져 올렸다.

거랭이를 매단 배는 선주의 요량대로 한 시간 정도 물살을 가르고 달리다가 탱탱한 줄을 끌어당겨 형망을 거두어들인다. 이때 줄을 끌어 감아올리는 감수기의 역할은 크다. 몇 명의 장정들이 바투어도 안 될 힘을 거뜬하게 해내는 천하장사와도 같다. 재첩 채취가 훨씬 수월하게 되었고 다량 수확으로 이어졌다.

윤기 나는 재첩만큼이나 강가 주민들 생활은 윤택해졌지만, 섬진강은 수난시대를 맞게 되었다. 재첩이 돈이 되자 배를 가진 재첩 거상들과 전문 가공업자들이 생기면서 강에서는 이익 경쟁의 파도가 일었다. 강을 사이에 두고 있는 광양과 하동은 수면 경계선을 놓고 둘로 쪼개지고 갈라진 양쪽에서는 다시 분할되었다. 지역권과 개인 어업권이 생긴 것이다.

배를 소유한 사람들은 군청에서 허가한 어업권으로 양식업을 할 수 있었다. 초창기에는 마을에 배가 몇 척 안 되니 채취 구역을 선점하면 그곳이 자기 양식 어장이었다. 재첩을 잡아 선별한 후 새끼 조개를 다시 강에 뿌려 자연 양식을 했다. 한때 중국산 재첩을 사 와서 좁은 수로에서 키워서 섬진강 재첩으로 둔갑시킨다는 황당한 소리가 들리기도 했지만 언감생심 상급 수질 섬진강 민물에서만 자라는 재첩을 두고 할 말은 아니었다.

재첩 잡는 어민들이 많아지면서 두 지역권의 생존 경계는 더욱 부각되었다. 그동안 몇 사람의 전유물과도 같았던 개인 어장의 경계는 허물어졌다. 결국 광양과 하동을 아우르던 강 중앙에 고정시킨 경계 부표는 불가침조약의 상징물이 되었다. 양쪽 어민들은 거주지역 안에 속한 강에서 힘을 부린 만큼 결과

물을 가지면서 소득이 적더라도 같이 살자는 상생의 손으로 어깨를 토닥거렸다.

어민들의 여력에 맞춰 전통적인 방법과 좀 더 발전된 방법이 동시에 동원되어 오늘날까지 왔다. 바다와 접한 기수 지역권에 속하는 고향마을 앞 섬진강은 재첩 서식지로서 최상의 조건이었지만 댐의 취수와 준설사업으로 바닷물이 올라와 염분 농도가 짙어지면서 재첩 양이 점점 감소하고 있다. 재첩잡이가 예전 같지 않으니 어민들의 한숨소리 또한 잦을 수밖에 없다. 관계 기관에서 어민들의 시름을 덜어주고 삶의 터전을 되돌려 주고자 재첩 서식환경과 생태계 회복을 위한 방안을 모색 중이라고 한다. 재도약을 꿈꾸는 섬진강을 바라보며 그 강에 기대어 사는 사람들의 맑은 웃음을 그려본다.

신방나루와 벚굴

때는 바야흐로 생동하는 봄이다. 곰실거리는 봄기운이 섬진강을 따라 내륙으로 흘러든다. 춘삼월 정취가 흩날려 행락객들의 길을 재촉한다.

남해고속도로 하동 나들목에서 고남교를 건너 첫 터널을 지나면 언덕 아래 숨은 듯 신방나루가 자리잡고 있다. 신방나루는 과거 육상 교통이 발달하지 않았던 시절에 하동 읍내로 들어가기 위한 방편으로 여수나 부산 등지에서 들어오는 상선들로 붐비던 나루터였다. 그뿐만 아니라 전라도와 경상도를 연결해 주는 지역 교통의 요지였다. 그러나 육상 교통의 발달로 쇠퇴의 길을 걷게 되었다. 섬진강에 재첩이 서식하면서부터 그나

마 재첩잡이 배의 선착장 역할을 하고 있다.

시대 변화에 맞춰 구불구불 멀미 나던 도로가 직선화되면서 나루가 있던 마을은 돌아가지 않고서는 찾을 수 없고, 작정하지 않고서는 볼 수 없는 숨바꼭질형 마을이 되었다. 하지만 벚굴이 나고부터 꼭 그런 것만 아닌 것 같다.

나 역시 봄빛에 이끌려 옛길로 돌아가기로 하고 신방나루터가 있는 쪽으로 향한다. 입구에 들어서자, 매화에 질세라 벚꽃이 벙글거린다. 나루는 화려했던 과거를 내려놓고 강에서 유유자적 낚시를 하는 은자의 모습을 닮은 듯하다. 나루 앞으로 흐르는 강은 예나 지금이나 삶을 방류하며 언제든 추억을 건질 수 있는 뜰채를 채비하고 있다.

강 건너 외갓집을 가기 위해서 짐 보따리를 들고 이 나루에 서 있던 때가 있었다. 사람들 틈바구니 속에서 순서를 기다렸다가 나룻배에 오르면 드디어 외갓집을 가게 되는구나 하며 즐거운 숨을 토해냈었다. 신방나루에서 점점 멀어져 고개를 돌리면 반대쪽 강나루가 서서히 맞이했다. 세월이 흘러 강 하나에 마주하는 나루를 보며 의미 부여를 할수록 깊은 여운이 이는 것은 그동안 켜켜이 쌓인 세월의 힘이리라.

무게감이 실린 배 한 척이 나루터로 들어온다. 벚굴 채취선이다. 현재 신방나루는 청정수에만 자라는 싱싱한 벚굴을 마중하는 나루로, 그 맛을 아는 사람들이 찾아온다.

　벚굴은 섬진강 하구 깊은 물 속 바위에 붙어 서식한다. 맑은 물속에 '벚꽃처럼 하얗게 피었다' 해서 그렇게 이름이 붙여졌다. 강에서 나는 굴이라 하여 강굴이라고도 불린다. 바다 굴과는 비교가 되지 않을 크기라 시선을 압도한다. 주로 전문 잠수부가 깊은 물속으로 들어가 채취하는데 힘든 작업이라 수확량이 많지는 않다. 이른 봄부터 잡히는 벚굴은 섬진강 꽃잔치가 절정을 이룰 때면 흰빛이 도는 알맹이가 살이 차서 맛이 좋다. 비린내가 없어 날것으로 먹기도 하지만 구워서 먹는 맛은 기가 막히다. 한번 맛 본 사람은 그 맛을 잊을 수 없어 봄이 되면 신방나루를 다시 찾는다. 해마다 즐겨찾는 사람이 늘어나는 추세다.

　설 명절 때 아버지는 신방나루에서 때 이른 벚굴을 주문하여 구해오셨다. 부모 품을 찾은 자식들을 먹이기 위해서 연례행사처럼 준비했다. 나와 동생들은 제 식구들을 거느리고 마당가 화덕 앞으로 둘러서서 드럼통으로 만든 화덕에 장작불을 지펴 큰 쇠망 위에 벚굴을 얹어 놓고 익기를 기다렸다. 아버지는 집게로 우락부락하게 생긴 강골 벚굴을 앞뒤로 뒤집으며 익었는가 살피기에 바빴다.

　굴 껍데기가 뜨거운 열기에 마르면서 틈 사이로 김이 나고

육즙이 흘러 장작불에 떨어지면서 요란한 소리를 냈다. 타닥타닥 불꽃 튀는 소리에 다들 몸을 뒤로 젖히면서 즐거운 비명을 질렀다. 아버지는 불티 따위는 아무렇지도 않다는 듯 자식들 입을 쳐다보며 익은 것을 돌아가면서 앞으로 놓아주었다.

그때가 그리워 지금 막 나루에 내리는 싱싱한 벚굴 한 꾸러미를 산다. 아버지는 가시고 없지만 나루는 여전히 아버지를 기억하게 만든다. 누구라도 봄기운에 이끌려 길을 나설 때 보일 듯 말 듯한 자리에서 기지개를 켜는 섬진강변 신방나루를 찾아보는 것이 어떨지 싶다. 그곳에는 쉼표와 느낌표가 어우러져 있다.

분홍빛 허기

어린 시절 옆동네 친구 집은 딸기 농사를 지었다. 과일이 귀하던 시절이라 딸기를 먹을 수 있는 그 친구가 한없이 부러웠다. 하루는 친구가 딸기가 끝물이니 맘껏 따 먹으라면서 또래들을 딸기 하우스로 데리고 갔다. 신이 나서 간 하우스에는 다디단 딸기 향으로 가득했다.

딸기밭으로 들어간 우리는 정신없이 딸기를 찾아 헤맸다. 상품으로서 가치를 잃은 딸기라 모양새는 혹부리 영감의 혹처럼 생겼지만 맛은 달았다. 끝물이라서 더 달았고 그 전염에 하나라도 놓칠세라 바쁘게 잎을 헤쳤다. 이제 시작인데 손에는 벌써 딸기 물이 들었다.

몇 개나 입에 넣어 봤을까, 친구는 그만 나가자고 했다. 우리는 오감 중에 청각만 빼고 온 감각에 집중하자고 약속이라도 한 것처럼 못 들은 척하며 딸기밭을 휘적거리고 다녔다. 잠시 후 친구가 고함을 질렀다.

"좀 있으면 우리 엄마 온단 말이야!"

친구는 비닐하우스 문고리를 잡고 두 발을 퉁퉁거리며 재촉했다.

뜬금없이 자기 딸기밭에 가자고 목소리에 힘이 들어갔을 때 알아봤어야 했다. 친구만 없었으면 영락없이 딸기 서리꾼이 될 판이었다. 우리는 위기 상황임을 직감했다. 끝물일지라도 값이 있어 한 푼이라도 보태는 때라 혼날 수밖에 없는 일이었다. 딸기밭에 눈을 박아놓고 나온 그날 저녁, 낮에 있었던 일을 어찌 알게 된 엄마한테 부지깽이 욱대김을 당하면서 언젠가는 꼭 딸기밭 주인이 되겠다고 다짐했다.

텃밭을 일구고 맨 처음으로 딸기를 심기로 했다. 온 정성을 들여 유기농으로 키워 실컷 먹어 봐야지 하면서 기대감과 설렘으로 딸기 모종 심을 날만 기다렸다. 누런 잎이 가을밭에 쓰러져 가던 어느 날에, 때마침 옆 밭에서 딸기를 수확 후 어미 포기를 캐서 모종용으로 쓸려고 선별작업을 하고 있었다. 수북하게 쌓인 어미 포기를 물끄러미 내려다보고 있었더니 밭 주인이 내 마음을 읽었는지 심을 만큼 가져가라고 했다. 그 말에 속으로 어깨춤을 추며 안고 와서는 준비된 터에다 아주 심기를 했다. 드디어 딸기밭 주인이 되었다.

모진 추위를 이겨내고 봄이 되자 촉이 올라와 금세 줄기가 뻗었다. 꽃이 피고 작은 열매를 맺고 딸기 형태가 생기던 날, 그 기쁨은 이루 말할 수가 없었다. 매일 잎을 들춰가며 익어가는 딸기 상태를 살폈다. 식구들 입으로 들어갈 수 있게 모았다가 딸 거라고 아꼈다. 그런데 딸기는 한꺼번에 익는 것이 아니라서 감질나게 했다.

결국 비가 내려 뭉개지고 흙이 묻어 열매 구실 못한 채 한 움큼도 못 따 보고 장마철을 맞았다. 열매 없는 줄기는 무성하게 뻗어나가고 잡풀마저 합세하여 딸기밭이 아니라 쑥대밭이라고 해도 될 지경이 되고 말았다. 딸기를 성공적으로 경작하기에 초보자는 아는 것이 없었다. 추억에 파묻혀 빨간 딸기에만 집중한 것 자체가 무모한 일이었다.

딸기는 꽃이 피기 시작하면 딸기 포기의 중심에서 새끼를 치기 위한 런너라는 줄기를 계속 길러낸다. 이 런너가 땅에 닿아 뿌리를 내리면 새로운 개체의 딸기가 된다. 열매의 충실을 위해 딸기가 많이 달리는 시기까지 런너를 제거해 주어야 한다. 주기적으로 줄기 정리를 해주고 하엽을 갈무리하여 통기성에도 신경을 써야 한다. 딸기에 대한 포부를 책임지기 위해서는 많은 공부가 필요하다는 것을 경험하고서야 알게 되었다.

지금 생각해 보면 자랑삼아 으스대기로 친구들을 딸기밭으로 데리고 갔을지언정, 그 친구의 통 큰 인정을 무시할 수 없겠다. 딸기 첫 경작 경험으로 딸기 끝물일지라도 주인 외에는 들이고 싶지 않은 마음이 크기 때문이다. 허기는 그만큼 결핍으로 눌러앉아 욕심보를 채운다.

다음 해에는 딸기를 성공적으로 키워 끝없이 뻗는 런너를 제거하듯이 딸기에 대한 고픔을 끊어내고, 성근줄기 사이로 인정이 드나들 수 있도록 해야겠다고 다짐했었다.

딸기 물이 든 손을 입속에 넣을 때마다 옷에 문질러 생긴 분홍 물은 허기진 마음에 오래도록 배어 있었다. 그로 인해 훗날, 추억 매몰 비용을 톡톡하게 치러야만 했다.

제2장

관계의 시선

능소화 / 40×70 / 혼합재료 / 2024

이웃과 공동체, 나를 비추는 타인을 바라보다

사람 사이의 관계는 거울과도 같다. 누군가를 바라보다가, 문득 나 자신을 들여다보게 되고, 이해하려는 순간, 오히려 내가 이해받고 있다는 걸 알게 된다. 세컨하우스가 있는 마을에서의 나날, 이름도 모르는 이웃과 주고받은 정을 통해 나 또한 그 속에서 조금씩 나를 알아갔다.
이 장은 함께 살아가는 사람들, 그리고 그들을 바라보며 나의 마음이 어떻게 달라졌는지를 기록한 이야기들이다. 관계란 결국, 타인을 통해 나를 비추는 일이다. 그러니 이 시선은 단지 '그들'을 향한 것이 아니라, 내 안의 결을 읽어가는 길이기도 하다.

나의 케렌시아

투우장에는 소가 정한 안전지대가 있다. 투우사와 기력을 다해 싸우다가 힘이 빠진 그곳으로 가서 거친 호흡을 가다듬으며 힘을 다시 모은다. 사람에게는 보이지 않고 소만 아는 그 작은 공간을 '케렌시아'라고 부르는데 피난처이자 안식처라는 뜻이다. 극한 상황에서 자신이 안전하다고 느끼는 곳, 힘들어 쓰러지려 할 때 힘을 얻는 곳, 본능적 자아가 이끄는 영역이다. 나에게 안전하고 평온한 나만의 영역 케렌시아는 바로 정원이 있는 농가주택이다.

아버지가 사고로 갑자기 돌아가시고 나서 한동안 우울증을 앓았다. 아버지는 큰 산이었고, 비빌 언덕이었으며, 힘의 근원이었다. 그러한 존재의 상실은 심한 무기력감을 안겨주었다. 모든 의지가 밑바닥에 나뒹굴 때 남편의 손을 잡고 찾았던 곳이 단감밭이 딸린 작은 농가주택이었다. 그곳에서 안정을 찾고 회복을 바랐다. 투우장에서 지친 소처럼.

주남저수지를 낀 동네에 들어서자 그날따라 늦가을 운치를 담은 감나무 한 그루가 우울한 마음을 비집고 들어섰다. 집 마당 입구에 잎 떨군 감나무의 처량함을 빨갛게 익은 열매가 달래주는 듯 보였다. 고목에서 감이 어쩜 저리도 많이 달렸을까. 그 아래서 올려다 본 파란 하늘에 실핏줄처럼 퍼진 앙상한 가지는 또 어떻고. 살고자 하는 의지인가 싶으니 풍경이 슬펐다. 슬픔이 슬픔을 위로하며 그 집은 그렇게 나와 인연을 맺었다.

15평 남짓한 패널주택인 데다 세월을 보낸 만큼 보수해야 할 곳이 많았다. 리모델링 견적을 내고서는 차라리 허물고 다시 짓는 게 낫겠다고 결론을 지었다. 남편은 머뭇거림 없이 일사천리로 일을 진행했다. 집 설계를 할 때 감나무는 그대로 두라는 조건을 내세웠다. 집을 허물고 폐자재를 실어 나를 때와 건축 자재를 들여올 때도 감나무가 다칠세라 조심을 당부하며 인부들을 성가시게 만들었다.

봄에 기초공사를 시작하여 가을이 되어서야 완공되었다. 그해 여름에 비가 잦아 진척에 제동이 걸린 까닭이었다. 그래서 계획보다 완공이 늦어졌지만 기다림 속에 설렘이 있었다. 그렇게 봄과 여름을 보내고 가을을 맞는 동안 우울감은 차츰 치유가 되었다. 마른 가지에 물기가 오르듯 생기가 돌았다. 그래도 가끔은 허튼 감정들이 불시에 찾아와 흔들기도 했지만 마음 골에 들지 못하고 쉽게 사라지곤 했다.

하얀 울타리를 안으로 들이고 여분의 땅에다 텃밭을 만들었다. 농부 흉내도 내 보고 흙냄새도 맡으며, 소소하게 누리는 경작의 기쁨을 맛보고 싶었다. 집 뒤에는 취미 공간도 만들었다.

마지막으로 '별꽃누리' 간판을 달았다. 밤에는 무수한 별들이 마당에서 쉬고, 낮에는 각양각색의 꽃들이 정원에서 놀며 서로 누리라는 뜻에서 당호를 '별꽃누리' 라고 지었다. 케렌시아 영역 표지판으로도 기운이 솟는 듯했다.

어느덧 십 년이라는 세월이 흘렀다. 인생사 희로애락이 세월의 나이테를 만들었으니 슬픔이든 기쁨이든 적절하게 숨 고르기가 필요한 건 마찬가지다. 감정의 조각들이 어질러져 정리가 필요할 때, 지치고 힘들어 호흡을 가다듬고자 할 때 어김없이 나의 케렌시아인 별꽃누리로 향한다.

택호 신고식

 마을로 들어서자 할머니 두 분이 아는 척을 한다. 금산댁과 봉강댁 두 할머니가 마을회관으로 마실 가는 중이다. "하동댁 오는교?". 하동댁은 이 마을에만 오면 불리는 나의 또다른 이름이다. 차를 잠시 세우고는 넉살을 떨다가 돌아서는데 오늘따라 하동댁이라는 택호가 묵은지처럼 깊은 맛이 느껴진다.

 이 동네와 인연을 맺은 지 3년째 되던 날이었다. 어버이날을 맞아 마을에 잔치가 열렸다. 찬조금을 챙겨서 일찍 마을회관으로 갔다. 실내는 이미 어르신들로 가득했다. 말이 세컨하우스지 본가에서 30분 남짓 거리라 자주 왕래하니 동네 주민이나 다름없게 되었다.

집을 짓고 동네 주민들과 잘 섞이는 것을 우선순위로 두었다. 어딜 가나 제 하기 나름이라는 말을 거리낌 없이 받아들였다. 주민이 백 명이면 텃세가 백 개라는 웃픈 말도 있지만 로마에 가면 로마법에 따르는 붙임성으로 자연스럽게 어울림이 이뤄졌다.

어르신들 속 대화에 몰두하고 있는데 이장이 나를 앞으로 불러 세웠다. 올해도 찬조를 해 준 하얀 울타리 집 새댁이라며 소개를 하자 일동 박수를 치며 입을 모아 칭찬했다. 새댁이라는 말이 민망치만 연로하신 분들이 많아서 내 나이는 어린 축에 끼였다. 새댁이라 부를 때마다 헌댁이라고 답하며 웃기를 하지만 속으로는 아직 새댁으로 통하니 싫지는 않았다.

동네에서 가장 연세가 드신 한 분이 택호가 어찌 되냐고 물었다. 부녀회장이 아직 택호가 없다고 하자 이장은 사람을 3년 정도 지켜봤으면 이제 택호를 정할 때가 되지 않았느냐며 의견을 구했다. 모두가 그러자고 할 때 나는 속으로 조선시대도 아니고 생소하기만 한 택호에 별 의미를 두지 않았다. '택호'는 얼핏 한자를 조합해 볼 때 집 이름을 말하는 것 같아서 이미 사용하는 이름이 있다고 말하려는데, 예로부터 기혼여성은 출신 지명을 빌어서 지었다는 이장의 설명이 있었다. 이어서 각자 택호 소개로 이어졌다.

옆에 앉아 있던 이웃 할머니가 "난 남산댁이여", 말 떨어지기가 무섭게 "난 점촌댁이고", 연달아서 봉강댁, 화목댁, 덕천댁, 죽동댁, 석천댁, 울산댁, 진해댁, 평창댁…. 할머니들이 택호를 소개했다. 그런데 짐작하기에도 애매모호한 '또댁'이라는 택호가 나왔다. "내가 원래 봉강댁인데 봉강댁이 또 있다고 해서 또댁이가 된거구먼." 그러자 옆에 할머니는 "나도 봉강댁인데 또댁이가 있어서 한 동네에서 왔다고 한동댁이라고 지었네." 직관적 작명이라 웃지 않을 수 없었다. 나와 비슷한 시기에 이사 온 자매는 언니가 출신지인 진해댁이고, 동생은 겹치지 않게 시댁 지명으로 울산댁이라고 지었다고 했다.

할머니들 택호 소개가 끝나자 이장은 나에게 고향이 어디냐고 물었다. 하동이라고 말하는 순간 하동댁이 되었다. 나는 엉겁결에 하동댁 선포에 손바닥을 치고 말았다. 택호도 받았겠다 드디어 동네 주민 일원이 된 것 같아 기분이 휩쓸려 있는데 마을회관 마당으로 대형버스가 들어왔다. 택호 신고식을 해야한다는 것이었다.

이장의 지시에 따라 자리에서 일어나 줄을 서서 버스에 올라탔다. 택호 값을 해야 하는 하동댁인 나도 그 버스를 타야 했다. 가는 동안 버스 안은 조용했고, 가끔 어르신의 기침 소리만 들릴 뿐 적막을 싣고 목적지로 향했다.

도착한 곳은 동네와 멀지 않은 곳이었고, 우리를 태우러 온 버스 운전기사가 운영하는 횟집이었다. 고깃집도 아니고 횟집이라니 예측이 또 빗나갔다. 하동댁 많이 먹으라며 연신 회 접시를 내 앞으로 밀어주는 어르신들 인정에 평소 잘 먹지 않은 회에 젓가락이 자주 갔다. 좋은 안줏감에 술이 들어가자 목소리가 다 커져서 귀는 주파수 찾아 촉을 세웠다.

그렇게 오랜 시간 시끌벅적한 시간을 보내고 자리에 자석 가루를 털어내듯 하며 다시 버스를 탔다. 다 타기도 전에 횟집 주인이자 버스 운전기사인 아저씨는 큐 사인이라도 받은 것처럼 뽕짝 음악을 켰다. 볼륨이 서서히 높아지자 그때부터 시작이었다. 하나둘 일어나 춤을 추는데 거동이 자연스럽지 못한 어르신 빼고는 엉거주춤이라도 일어나 춤을 추었다. 음악 소리는 귀청을 뚫을 기세고, 비좁은 통로에 얼굴이 맞닿을 만큼인데도 모두가 신났다. 이런 줄도 모르고 따라나선 걸 후회할 틈도 없이 또댁 할매가 끌어당기는 바람에 에라 모르겠다 사지를 흔들어 막춤을 추어댔다. 어르신들 틈에서 쉬지 않고 춤추는 것은 고난이도 동작이었다.

마을 어귀가 보였다. 아, 이제 끝나 간다 했건만, 버스는 제 갈 길이 따로 있는 것처럼 자연스럽게 동네를 지나쳤다. 정신 없이 춤을 추는 옆집 할머니한테 차가 왜 동네로 안 들어가냐고 했더니 이제 시작인데 바로 들어갈 수 있냐며 뻔한 걸 왜 묻냐는 표정으로 춤을 이어갔다. 그로부터 동네 반경을 아주 넓게 잡아 두 바퀴를 돌고 나서야 겨우 마을로 들어왔다. 졸지에 막춤으로 혹독한 택호 신고식을 하고서 나는 비로소 진정한 마을 주민이 되었다.

저만치 가던 한동댁과 덕천댁 할머니가 돌아보면서 채근한다.

"하동댁, 마을회관으로 점심 무로 가자".

길재 어르신

    길재 어르신이 오랜만에 지나가신다. 밭에 가시냐고 너스레를 떨며 인사를 하자 어르신의 하나 남은 윗니가 길게 뻗어 미소를 대신한다. 콧물은 인중 고랑을 타고 흘러 아흔셋의 연세를 걱정하게 한다. 삽을 메고 밭으로 가는 모습에서 무던하게 지내는 모양이라 안심이 된다.

    작년에 어르신의 두 살 위인 형님이 돌아가셨다. 구십이 넘은 형제분이 삽을 메고 밭으로 가는 진풍경은 보는 이로 하여금 가슴을 뭉클하게 했다. 딱히 감동이 있어서가 아니라 세월의 무게감이 주는 울림이었다.

    몇 달 전, 어르신의 짝지인 금산댁 아지매가 야밤에 화장실에서 넘어졌다. 제때 발견을 못 하고 방치한 시간이 길어져 상태는 심각했다. 자식들 걱정할세라 집에서 끙끙 앓다가 치료 시기를 놓쳐 욕창까지 생기게 되자 결국 요양병원으로 가셨다.

그 후로 어르신은 자신의 노쇠보다 짝지의 병고가 더 냉혹했다. 한동안 어르신의 모습은 보이질 않아, 나는 괜스레 신경이 쓰였다. 집 앞으로 지나다니면서 눈으로 맺은 정이 커서 걱정은 자연스러운 것이었다.

밑반찬과 재첩국 몇 봉지를 들고 집으로 찾아갔다. 계시냐고 여러 번 인기척을 내고서야 어르신은 넥타이로 묶은 허리춤을 잡고서는 키보다 작은 문을 열고 나왔다. 한때 목에 힘을 받치던 넥타이가 이제는 허리로 내려와 세월을 지탱하고 있었다. 부부가 서로 의지하다가 한쪽이 집을 비우자 건강은 물론이고 행색마저 초라해졌다.

금산댁 아지매의 차도를 물었다. 이제 앉기는 영영 글렀다며 천장을 쳐다보며 한숨짓는 모습에서 상황의 깊이를 짐작케 했다. 사람 신세가 이렇게 달라질 수 있다니 허무하기 짝이 없는 것은 나도 마찬가지였다.

변고가 있기 전 모습들이 떠올랐다. 구십이 넘은 어르신은 오히려 꼿꼿하게 앞서고, 열 살이나 아래인 아지매는 허리가 아파서 복대를 하고 느릿느릿 실버 카를 끌고 뒤따랐다. 내가 밭에서 보이면 잠시 멈춰 서서 숨을 고르며 탄식했다.

"고마 얼른 죽으면 안 좋겠나, 이리 살아서 뭐 하긋노."

한평생을 일구덕에서 보낸 세월이 일 중독자로 만들었다. 일을 하러 가면서 죽음을 말하는 그 삶이 얼마나 힘든지 알고도 남았다. 그러면서도 내 텃밭을 보고 그냥 스쳐 가는 예가 없었다. 남새밭 경작하는데 크고 작은 도움을 받았다. 더러는 파종기에 맞춰 씨앗을 대문에 걸어놓거나, 모종을 심고 남으면 심어보라고 밭에 놓고 가기도 했다.

노인 둘이서 넓은 단감 밭을 일꾼들을 들이지 않고, 느리면 느린 대로 일을 해냈다. 하지만 농약 치는 시기가 되면 보는 내가 다 애닳았다. 어르신과 닮은 꼴인 경운기를 느린 소걸음처럼 몰고 와서 밭 입구에서 위치를 잡아 고정시킬 때는 아슬아슬했다. 외관과 다르게 엔진 힘이 강해 고삐 풀린 망아지처럼 마음대로인 경운기를 다루려는 안간힘을 보자니 내가 용이 쓰일 정도였다. 겨우 자리를 잡아 노란 줄을 끌고 비틀거리며 단감 밭 속으로 들어가면 아지매는 아픈 허리를 잡고 줄이 꼬이지 않게 바쁘게 살피고 동태에서 줄이 거의 끝나갈 즈음에 신호를 보냈다.

나는 그 모습을 볼 때마다 주말에 자식들이 와서 좀 도와주면 좋을 텐데 하는 원망의 마음이 생기곤 했다. 하지만 아들이 가끔 오는 주말을 피해서 궂은일을 하시는 걸 보면 이유가 분명해 보였다.

둘이서 녹슨 돌쩌귀처럼 움직이다가 하나가 빠져버리자 애써 일구던 단감 밭을 관리하지 못하고 결국 도지를 받게 되었다.

남에게 밭을 내주고도 일철을 맞아 기어이 나선 모양이다. 일머리는 훤하여 밭둑에 흙이라도 한삽 떠서 올려야 안주인과 함께했던 세월이 잠시 멈추어지려나. 오며 가며 눈으로 익힌 정이 어르신의 마음을 앞질러서 읽는다.

인생 도우미

"띵!"

휴대폰과 연결된 손목시계에서 알림음이 울린다. 잠시 후 한 번 더 울린다. 이쯤 되면 하던 일에서 멈추고 휴대폰에 깔린 CCTV를 살펴봐야 한다. 여간 성가신 일이 아니다. 안 봐야지 하면서도 두세 번 연거푸 알림음이 들리면 안 볼 수가 없다. 시골 정서에 뭐 그리 대단하다고 카메라 설치까지 할까 싶지만 그럴만한 이유가 있어서다.

이웃 할배 집과 우리 집은 도랑을 사이에 두고 있다. 우리 집 터가 높이 올라앉아 있어 측면 데크에서 바라보면 그 집이 훤히 내려다보인다. 집 뒤쪽 경계로는 할배 단감 밭이 있다. 떼려야 뗄 수 없는 불가분의 위치에 놓여있지만 두 사람은 N극과 N극이다.

할배는 멀쩡한 나무들을 베어 없애서 속상하게 하더니 아무 데서나 불을 내는 이상한 행동을 했다. 소각장이 따로 있는 것이 아니라 불을 놓는 곳이 할배의 소각장이다. 그것도 모아서 태우는 것이 아니고 쓰레기가 생길 때마다 들고 나와서 아이 불장난하듯 하니 불이라도 날까 봐 보기에도 아슬아슬하다. 집 주변 여기저기 불 낸 흔적들이 시커멓게 눌어 있어 불안함이 깊어갔다.

우리 집은 목조주택이라 불이 붙으면 끝장이다. 먼발치에서 연기가 나면 불이라도 났나 싶어 가속 페달을 밟아야만 했다. 오죽하면 꿈에서도 우리 집이 활활 타는 꿈을 꿀까.

주택화재보험에 가입하기로 했다. 화재 시 직접 손해배상뿐만 아니라 이웃집 피해 보상은 물론이고 부가적 손해가 발생할 경우에도 보상받을 수 있어서 만약을 위해서 하나의 장치용으로 필요했다.

보험사에 문의를 했더니 가입부터 문턱에 걸렸다. 화재보험에서는 건물이 어떤 재료로 지어졌느냐에 따라 등급을 세분화시키고 있어, 목조주택은 가입할 때 어려움이 따른다고 했다. 집 관리 상태에 따라서도 등급이 조정되니 직원이 방문하여 집을 둘러보는 것으로 시작하기로 했다. 그때부터 가입이 안 되면 어쩌나 긴장이 되면서 벽돌 주택을 지었더라면 하는 푸념이 새어 나왔다.

며칠 후, 보험사 직원이 와서 집을 구석구석 살폈다. 나는 옆에서 집을 사람으로 치면 탄생기부터 성장기를 포함하여, 10여 년의 관리 내력을 구구절절 설명하며 졸졸 따라다녔다. 직원은 전체적으로 관리는 잘 된 상태라면서 평가 제출용으로 쓰일 사진을 사방으로 찍었다. 본사에 올려 승인이 날 때까지 기다려 보라고 했다.

할배는 내가 이러는 속 사정도 모르고 휴지 몇 조각을 들고 나와서 또 태우고 있었다.

"할아버지, 불이라도 나면 어쩌려고 아무 데서나 이러십니까?"

"뭐시라. 잘 안 들려. 태울 것이 뭐 자꾸 생기네."

들린 듯 안 들린 듯 뉘앙스를 풍기며 본질과는 거리가 먼 듯한 할배 말은 들어봤자 소용이 없지만 그냥 말이라도 해야 되겠다 싶어 하는 말이었다. 그러고 보면 할배와 나의 대화는 '왜 이러십니까'와 '안 들려'가 주요 골자이면서 문답의 완성이었다.

그러던 중에 보험사에서 가입 승인되었다는 연락이 왔다. 목조주택은 화재에 취약한 목재를 사용한 건축물이라는 이유로 보험 가입을 제한하거나 가입을 승인하더라도 높은 보험료를 청구한다고 했다. 그래도 피해가 발생했을 때 보상이라도 받을 수 있어서 다행이었다. 피해보상 보험은 작은 위안이 되어 한시름 놓긴 했지만 할배가 만든 검은 흔적이 점점 더 가까워질수록 불안함이 엄습했다.

급기야 소동이 일어나고 말았다. 우리집 텃밭에 놓였던 소각용 드럼통이 사라졌다. 집 주위를 돌아다니며 찾았더니 할배 집과 우리 집 사이에 있는 도랑에 있는 걸 보고서는 입이 떡 벌어졌다. 할배가 태연하게 드럼통에서 잔가지들을 태우고 있었다. 기가 찰 노릇이었지만 문답의 형식은 똑같기 때문에 생기는 감정을 무시했다. 이는 2차 방책을 세우기로 마음먹은 계기가 되었다.

삼 면으로 CCTV 카메라를 설치하기로 했다. 화재로 인한 미연에 방지책이라 할 수 있겠다. 카메라 설치 기사가 작업하는 중에 보험 가입하기 전에 진작 이걸 생각지 못했다는 것이 안타까울 정도였다. 카메라 세 대를 설치하고 휴대폰과 손목시계로 연동하여 언제든 살펴볼 수 있도록 앱까지 설치했다. 화재 보험도 가입했겠다, 위험을 감지하여 사전 해결책도 마련했겠다, 이중으로 안전장치를 마련해 놓고 보니 천군만마를 얻은 기분이었다.

안전장치에 장점만 있으면 좋으련만 단점이 뒤따른다는 것은 감당해야 될 몫이다. 할배의 움직임이 자주 포착되는 카메라에 알림음을 설정해 놨더니 수시 때때로 띵띵거렸다. 휴대폰 진동으로 해놔도 반드시 알려야 될 신호처럼 소리를 내었다.

퍼뜩 할배와 나는 전생에 무슨 인연이었길래 이러한 고난으로 엮였을까 하다가 인연에는 다 이유가 있다는 생각이 든다. 다음에 집을 건축한다면 벽돌 주택을 짓겠다는 것과 안전한 장비를 갖추었다 할지라도 감당할 몫이 있다는 걸 알게 해줬으니 할배는 나에게 진정 인생의 도우미가 아닐까 하는 생각에 피식 웃음이 난다.

"띵!"

할배가 뭔가를 손에 들고 어슬렁거린다.

무언의 말

　동네 입구에 종묘상이 있다. 말이 종묘상이지 철물점도 겸하여 각종 농기구와 공구류를 갖추고 있다. 이용객들은 주로 동네 주민들이거나 이웃 동네 사람들이다. 일을 제쳐두고 시내에 나가지 않아도 아쉬운 대로 이용할 만해서 드나드는 이들이 많다.
　주차장으로 쓰이는 넓은 흙마당에는 퇴비와 농자재들이 산재해 있다. 그 앞쪽으로 주차를 할 수 있는데 주차선이 그어져 있지 않다. 그러니 어르신들이 트럭을 몰고 오면 대충 차를 세워 놓는다. 오늘도 역시나 트럭들을 요량 없이 세워놓았다. 그 날을 떠오르게 하는 만복 할배 소리가 들린다.

오래된 차를 팔고 새로 차를 뽑은 지 한 달 정도 되었을 때 일이다. 차도 주인을 잘 만나야지, 트렁크에 퇴비와 농자재를 싣고 다니니 트럭이나 마찬가지였다. 그래도 벤츠라는 자존심 하나는 헤드 로고가 버젓이 말해주고 있었다.

그날도 종묘상 마당은 맘대로 주차장이었다. 다행히 마당 끝에 차가 한 대 빠져서 용케도 주차를 할 수 있었다. 평소에 나란히 줄 맞추는 습관이 있어서 주차선도 없는데 주차 각을 맞춘다고 후진과 전진을 번갈아가며 겨우 바르게 세웠다.

가게에서 파종할 씨앗과 필요한 농기구를 사고는 여사장님과 수다를 떨었다. 그때 소파에 앉아있던 만복 할배가 간다는 손 인사를 하며 나갔다. 잠시 후 나도 가게에서 나왔다. 시골에는 1톤 트럭이 대세인 데다가 느슨한 주차 문화로 봐서 차를 탈 때 난감한 일이라도 없는지 한 바퀴 돌아보고 난 후, 운전석에 앉곤 했다. 블랙박스마저 주문해 놓은 상태라 설치가 안 되어 있으니 더 그랬다.

여느 때처럼 차 앞으로 돌아서 살피면서 운전석으로 가던 중, 입이 떡 벌어지고 말았다. 세상에나, 운전석 라이트 위쪽이 각진 모양으로 푹 들어가 있었다. 트럭 뒤쪽 모서리로 눌러 찍은 자국이라는 걸 한눈에 봐도 알 수 있었다. 한 달도 안 된 새 차를 이렇게 만들어놓고 말없이 내빼다니 화가 치밀었다.

좀 전에 나간 만복 할배 트럭이 내 차 옆에 세워졌던 걸로 봐서 범인은 짐작이 가고도 남았다. 주차장이 도로와 맞물려 있어서 차를 앞으로 빼서 후진을 해야만 주행 도로로 나갈 수 있는 상황이라 부주의가 확실했다. 생각할수록 부아가 났다. 그래도 사람인지라 감정의 위기에서 숨을 고르고 생각했다.

시골 어르신 뿐만 아니라 누가 봐도 삼각별 로고를 보면 수입차라는 것은 단박에 알았을 것이고, 수리비가 만만찮게 나올 테니 지레 겁먹고 도망쳤을 거라는 생각이 지배적이었다. 노인네가 많이 놀랐을 거란 생각도 들었다. 지금 남의 사정 봐 줄 때가 아니라고 속으로 자신을 타박하면서도 또 한편으로는 들어온 사람이 조용한 시골 마을을 소란스럽게 하고 싶지 않다는 마음 또한 일었다. 억울하기 짝이 없지만 한숨만 남겨놓고 그 자리를 벗어났다.

하필이면 잘 보이는 곳에 흠집이 생겨 수리를 안 할 수 없었다. 어중간한 위치에 깊이 찍힌 자국은 복원이 안 되어 결국 보닛을 통째로 바꾸어야 된다는 견적을 받았다. 자차보험 처리였지만 자기부담금이라는 생돈을 쓴 건 고사하고, 차 뽑은 지 한 달 만에 수리의 흔적을 남긴 중고차가 되어버린 사실이 더 기막혔다.

혼자서 조용히 처리했지만 마음은 혹독한 시련을 겪고 난 후, 만복 할배를 볼 때마다 '나는 네가 지난여름에 한 일을 알고 있다'는 영화 제목이 생각났다. 마치 그런 내 마음을 읽기라도 하는 듯 만복 할배는 내가 저만치 앞에 나타나면 부리나케 사라지곤 했다. 남에게 해를 입힌 사람은 마음이 불안하나, 해를 입은 사람은 오히려 마음이 편하다는 말을 실감했다.

가을걷이가 끝나고 겨울 채비를 할 때 즈음, 대문 앞에 콩 한 자루가 놓여있었다. 누가 갖다 놓았는지 여기저기 수소문해도 알 수가 없었다. 이 동네에서 콩 농사를 크게 짓는 집은 만복 할배 집인데 반신반의했다. 만약 그렇다면 그동안 마음의 빚이 무거워 조금이라도 갚겠다는 의지의 표현 방법이라고 해석하기로 했다. 생각지도 않던 콩 한 자루가 사람을 누그러뜨렸다. 그 뒤부터 만복 할배는 나를 피하지 않고 웃으면서 먼저 다가왔다. 나도 웃었다. 둘은 무언의 말로 타협이라도 한 것처럼 그날의 일을 말 없는 웃음으로 끝맺기로 했다.

가게 문으로 들어서자 만복 할배는 넉살 좋게 아는 척을 한다.

"내 오늘은 경운기 타고 왔구마."

도로 아미타불

　감나무 밭에 조그만 집이 있는 땅을 매입하여 경계복원 측량부터했다. 시골 땅은 경계가 불분명한 경우가 더러 있어 외지인이 땅을 운용할 때 현지인과 시빗거리가 생겨 난감한 경우가 종종 발생한다는 얘기를 들어서였다. 기존 집을 허물고 신축에 필요한 측량을 한 번 더 했다. 지적공사 직원이 붉은 경계 말뚝을 심을 때 옆집 할배와 마을 이장님이 참관했다.
　며칠 후, 공사가 시작된다는 연락을 받고 집에 갔다가 깜짝 놀라고 말았다. 집 뒤에 커다란 뽕나무가 사라지고 없었다. 뽕나무가 그렇게 자라기까지는 수십 년이 걸린다고 해서 집을 짓더라도 밑동은 살려야지 했었는데 이런 일이 벌어지다니 황당

했다.

주위에 소금까지 뿌려놓았다. 나무는 염분에 취약하다는 걸 알고 아예 뿌리까지 죽일 작정이었던 모양이었다. 남의 집 나무에다 해악질을 한 사람이 누굴까 부아가 치미던 중 빼빼 마른 옆집 할배가 구경하듯이 목을 빼며 다가오더니 자기가 베어 없앴다고 했다. 거리낌없이 말하는 할배에게 나는 말까지 더듬으며 왜 그러셨냐고 물었다.

"안 들려, 내가 귀가 먹어서 잘 못 들소. 오디가 떨어지면 길바닥이 더러워져 베뿟지 뭐."

마치 자기 집 나무를 벤 것처럼 태연하게 말하는 할배 입을 보며 억장이 무너졌다. 순간 옆집 할배가 별나서 조심하라던 동네 사람 말이 떠올랐다. 이렇게 단시간에 별난 상황을 맞게 되니 할배와의 앞날이 순탄치 않을 거란 생각에 뒷머리를 쥐었다.

이웃들이 이 상황을 보고 나서 알게 모르게 할배의 진상을 조금씩 알려주었다. 할배는 술만 취하면 온 동네가 시끄럽게 고함을 지르며 입에 담지 못할 욕지거리를 퍼붓는다고 했다. 주민들과는 사소한 것으로 시빗거리를 만들어 뻑하면 고소해서 이웃사촌도 나 몰라라 하는 외톨박이에다 상대하기 싫은 왕따라고 했다.

이런 할배와 감정 상해봤자 나만 손해라는 생각에 어이없이 뽕나무 한 그루를 잃었지만 참기로 했다. 그러나 여기서 멈추지 않고 일은 또 벌어졌다. 이번에는 집 각진 곳에 있던 배나무가 사라졌다. 배가 탐스럽게 몇 개 열려있어 과실수로서 제 몫을 하겠다 싶어 내심 좋아했었는데, 소생 불가능하게 댕강 잘라놓았다. 의심할 여지없이 또 옆집 할배 짓이었다. 물어보기도 전에 귀가 먹어 못 듣는다면서 배나무가 담 밖으로 넘어와서 잘라버렸다고 했다. 연타를 맞고 나니 화를 넘어서 엉뚱하게 잘하셨다는 말이 내뱉어졌다. 그렇게 하는 것이 정신 건강에 좋을 것 같았다.
　그 후로도 담 아래로 늘어진 꽃가지만 있어도 기어이 손을 뻗어 잘라버렸다. 나무도 베는 통에 가지쯤이야 하고 대수롭지 않게 받아들이게 되었다. 전 집주인이었던 고령의 할머니와 자주 싸웠다더니 알 만했다. 어쩌면 집주인이 바뀌자 눈엣가시였던 나무들에 행패를 부려 집 짓기 전에 해결하고픈 수작이었는지 모를 일이었다.
　집을 짓는 기간에는 작업자들한테 끊임없이 요구를 하며 지치게 만들었다. 할배가 이웃이라 건축주에게 피해를 줄까 봐 요구를 다 들어줄 수밖에 없다는 하소연을 들어야만 했다. 수심에 잠겨 앞날이 아득했지만 그렇다고 계속 이런 감정으로 살 수 없으니 대책을 세워야만 했다.

　인간을 이해하기 위해 심리적 방법으로 접근해 보기로 했다. 할배가 젊은 나이에 아내를 잃고 편부가 되어 자식 여럿을 키우면서 술에 의지하여 살았다는 걸 알게 되었다. 외로움에서 생기는 우울감이 결국 삐뚤어진 감정으로 굳어져 자신과 다른 사람들과의 소중한 신뢰감까지 상실한 경우가 아니겠는가 싶으니 한 인생이 가여웠다. 내 감정을 내려놓기로 했다.

　할배를 계속해서 지켜보니 따뜻하게 챙겨주는 사람 하나 없고 때를 거르고 술로 배를 채웠다. 앙상한 몰골에 폐색이 짙었고, 기침소리마저 잦았다. 보살펴야할 대상으로 여겨졌다. 가끔 좋아하는 술을 사다 드리며 조금씩 드시라고 상냥하게 말을 걸기도 하고, 시골에서 엄마가 보내주시는 재첩국이나 밑반찬들을 나눠드리기도 하면서 호감을 샀다. 그러면서 나무 자르는 일은 그만하시라고 부드러운 어조로 부탁을 드렸다.

　할배는 나를 만날 때마다 젊은 시절 직장 생활부터 지금 살기까지 구구절절 시간 가는 줄 모르고 한정 없이 이야기보따리를 풀었다. 진정성 있게 들어주고 공감하다 보니 할배는 서서히 나에 대한 경계의 벽을 허물고 먼저 인사까지 하는 사이가 되었다. 빈 집을 기웃거리는 사람이 있으면 누구냐고 큰소리로 위용을 부리며 집지킴이 역할을 해줘서 고맙기까지 했다. 이웃으로 그럭저럭 관계를 유지하며 지내는 동안 할배는 당뇨 합병증으로 몇 번 쓰러져 구급차에 실려 다녔고, 삶의 끝을 향해 가는 것처럼 힘겹게 보였다.

한 해를 보내고 봄이 무르익을 때쯤 잎이 무성한 감나무 밭을 둘러보던 중에 나는 그만 놀라 나자빠질 뻔했다. 감나무가 나란히 세 그루가 잘려있었다. 설마 할배는 아니겠지 하면서도 할배라고 단정 지으며 심장 박동 수가 오르는 찰나에, 감나무 밭에서 할배 기침 소리가 들렸다. 묻기도 전에 20년 전에는 여기까지 자기 땅이었는데, 요즘 측량이 잘못되었다면서 막대기를 꽂으며 자기 땅이라 나무를 잘랐다고 했다. 덩치가 큰 감나무 세 그루라서 밭 자리가 휑하니 보일 정도였다.

나는 여태껏 참았던 것을 한꺼번에 토해내듯 고함을 질렀다. 도대체 왜 그러시냐고 그 한마디 하고 났더니 그만 목에서 쉰 소리가 났다. 평소에 큰소리칠 일 없이 살았고, 음성이 크질 않으니 한마디 고함에 목이 잠겨 버린 것이다. 더 퍼붓지 못해 억울해 죽겠는데 할배의 말에 기가 찼다.

"안 들려. 내가 귀가 먹어서 잘 못 듣소."

그만 주저앉아서 울 수밖에 없었다.

토지 측량도 도로 아미타불, 그동안의 노력도 도로 아미타불, 할배의 마음도 도로 아미타불, 모든 것이 도로 아미타불이 되고 말았다. 세상 살다 보면 이처럼 도로 아미타불이 이 뿐이 겠는가. 어찌 허다하지 않으랴.

해병대 아저씨 1

 신호 대기 중에 있는데 정류장 쪽에 익숙한 움직임이 보인다. 한자리에 가만히 서 있지를 못하고 좌우로 몸을 흔드는 특유의 모양새로 봐서 우리 마을 해병대 아저씨 같다. 확인도 할 겸 태워 갈 생각에, 차창을 내려 클랙슨을 짧게 울렸더니 기다렸다는 듯이 손을 번쩍 든다.
 그와의 인연은 그 마을에 오며 가며 농가주택을 지으면서부터였다. 매일 출근하다시피 와서는 도와줄 게 없는지 살피기를 하고, 손이라도 보탤 일이 생기면 자기 일처럼 도왔다. 그러면서 묻지 않아도 동네 소소한 정보며, 가십거리까지 알려주었다. 이웃에서 말하기를 원체 오지랖이 넓어서 동네 아무 일에

나 잘 답작거리며 부지런하기로 소문난 아저씨라고 했다.

평소에 그의 옷차림새가 특이했다. 요즘으로 말하면 밀리터리룩 패션이었다. 차림새가 늘 한결같아서 왜 이런 군복 차림을 하냐고 물었다. 그는 망설임 없이 해병대 출신이라 용맹성을 드러내기 위해서 입는다고 했다. 그러면서 언제 끝날지도 모를 천하무적 해병대 이야기를 엮어냈다.

만날 때마다 대화는 해병대 이야기로 시작했다. 이는 마치 대화법에 있어서 정해진 순서와도 같았다. 그런데 아무리 봐도 키가 해병대 갈 요건이 안 되어 보였다. 큰 사람의 옷을 입은 것처럼 소매는 몇 겹으로 개서 올리고, 바짓가랑이는 길어서 길을 쓸고 다녀 바짓단이 너덜거렸다. 키는 작지만, 흔히 말하는 라이터돌처럼 단단하게 보여 깡다구는 있나 보다 했다.

하루는 고무 통에 미꾸라지를 반쯤 채워서는 이것 보란 듯이 내 앞에다 털썩 내려놓았다. 보양식 재료이기도 해서 엉겁결에 값을 치르긴 했지만 많은 양의 꿈틀거리는 미꾸라지를 보고 있자니 입이 쉽게 다물어지지 않았다. 그는 의기양양한 모습으로 귀신 잡는 해병이라서 미꾸라지 잡기야 식은 죽 먹기라며 어깨를 들썩거렸다. 필요하면 언제든지 말하라고 했다.

미꾸라지 잡는다고 논과 농수로 바닥을 얼마나 헤맸는지 얼룩무늬 군복 옷은 진흙 칠갑이 된 채로 반쯤은 말라서 허옇게 보였다. 민첩한 미꾸라지를 저렇게 많이 잡았다는 건 그만큼 날쌔다는 뜻이기도 했다. 역시 해병대 출신답다고 생각했다.

그날도 우리 부부를 보자 군대 이야기로 여념이 없었다. 남편이 가만히 이야기를 듣던 중 해병대 몇 사단에서 복무하셨냐고 물었다. 나도 궁금해서 귀를 쫑긋거리고 있는데 답을 하지 않고 잠시 말을 얼버무렸다. 이윽고 사실은 키가 하도 작아서 처음 보는 사람들이 무시할까 봐 강한 척 해병대 출신이라고 말한다고 했다. 자기 어디를 봐서 해병대 출신 같으냐고 오히려 반문했다. 웃음이 터져 나오는 걸 간신히 참고서는 기침으로 위기를 모면했다.

키에 대한 열등감으로 거짓말을 했지만 군대 소속을 묻자 순순히 실토하는 순박함에 정이 갔고, 코믹성을 가진 재미있는 사람으로 여겨졌다. 그 후로 작은 키에 개구쟁이 아이 모습을 닮은 아저씨를 길에서 만나면 남자임에도 불구하고 거리낌 없이 태워 다니게 되었다. 그러면서 키에 대한 힘이 되기를 바라는 마음에서 일부러 해병대 아저씨라고 불렀다.

집으로 오는 내내 쉼 없이 말을 한다. 귀가 송신스러울 정도지만 내가 굳이 대화를 이어갈 뭔가를 궁리하지 않아도 되고, 들어주기만 하면 되니까 오히려 편하다. 주로 내가 경험할 수 없는 이야기들이라 듣는 재미 또한 쏠쏠하다. 최근까지 산

불 지킴이를 하면서 겪었던 일들을 익살스럽게 쏟아내다가 경쟁률이 심해서 재심사에서 떨어졌다는 하소연으로 이어지는데 저 멀리 마을이 보인다. 마을 회관 마당에 도착해서도 내릴 생각을 않고 계속 이야기를 푼다.

  키가 작든 크든 다들 주어진 재능이 있기 마련이다. 그는 만담꾼의 능력을 타고난 건 아닐까. 농가주택이 있는 마을에는 참 재미있는 가짜 해병대 아저씨가 산다.

해병대 아저씨 2

 일주일에 이삼일 와서 살다 갈 마을 입구에 버스 정류장이 있다. 드나들다 보면 버스를 기다리는 어르신들을 만나는 경우가 있다. 가는 방향이 같으면 태워서 다녔는데 최근에 쭉 뻗은 새 도로가 나고부터 어르신들이 손사래를 친다. 자기들 때문에 구불구불한 버스 길을 택할 필요가 없다고 생각하는 모양이다. 그런데 먼저 손을 흔들며 태워달라고 하는 사람은 유일하게 해병대 아저씨다. 오늘도 내 차를 보자 마치 택시를 잡는 본새다. 평소와 다르게 차림새가 말쑥하다. 아들네 갈 때는 며느리 눈치에 깔끔하게 차려입는다는 말이 떠올라 목적지가 분명해 보인다.

그는 몇 해 전에 아내를 갑작스럽게 저세상으로 떠나보냈다. 옆지기가 있고 없음의 차이가 저렇게 많이 나나 싶을 정도로 행색이 초라해졌다. 누가 봐도 빈한한 처지를 한눈으로 짐작케 한다. 동네 일이라면 발 벗고 나설 만큼 인정스러운 사람이었는데 급격하게 초췌해져서 주민들은 그의 건강을 염려하여 돌아가며 찬거리로 살피기를 한다.

부부가 힘을 보태 단감밭을 경작하다가 혼자 하려니 힘에 부쳐 올해부터 밭떼기 거래를 한다. 밭에서 재배되는 농산물을 수확하기 전에 통째로 사고파는 것이다. 농산물 가격이 정해지기 전에 먼저 거래를 하다 보니 이득을 보면 다행이지만 손해를 볼 경우도 있다. 그는 이러한 실익의 계산보다도 부부가 함께 땀 흘리던 수확철을 외면하고 싶은 마음이 있어 보인다.

단감 농사를 넘기더니 요즘은 리어카에 폐지와 비닐을 모아 싣고 다닌다. 왜소한 체구가 짐에 끌려다니듯 위태롭게 보인다. 부부가 서로 노력하여 따시게 살다가 죽음 앞에 알게 된 아내의 병을 고치려고 큰돈을 쓰고, 혼자 남은 삶을 꾸리기 위한 궁여지책이라는 걸 묻지 않아도 알 만하다.

나는 종이 박스나 빈 퇴비 자루를 모아놓았다가 그의 리어카가 보이면 실어준다. 그럴 때는 언제 끝날지 모를 이야기를 펼친다. 한두 때는 넘길 수 있도록 밑반찬과 국거리를 챙겨줄 때는 그렇게 말 많던 사람이 고맙다는 말을 흘리며 얼른 돌아서 간다. 먹거리 앞에서는 배우자의 부재가 한없이 위축되게 만드는 모양이다.

하루는 오늘처럼 자기 뜻대로 내 차를 올라타고서는 자연스럽게 이야기를 풀었다. 면사무소 근처에 있는 아들네 집에 간다며 이내 말을 이어갔다.

그는 나를 처음 봤을 때 무서웠다고 했다. 여태껏 살면서 내 이미지가 무섭다고 말한 사람은 없었는데 생뚱맞은 그의 말에 잘못 들었나 싶어서 되물었다.

"제가 무서웠다고요?"

이유인 즉슨 외지인에다 말쑥하게 차려입은 여자가 동네 밖으로 가는 방향이 같으면 자기를 태워 준다고 해서 이상했고, 차를 타긴 했는데 외딴곳에 내려놓고 가버리면 어떡하나 하고 가는 내내 긴장했다고 했다.

이게 무슨 말인고? 날벼락 같은 말을 듣자니 이런 낯선 경험은 처음이라 한동안 말을 잃었다. 남자가 여자의 호의를 무서워하는 경우가 있다는 것을 처음 알게 되어 놀라면서도 생각하는 기회가 되었다.

그때가 떠올라 자연스럽게 차를 타는 그에게 "아저씨, 이제 제가 안 무서워요?" 그러자 전생의 기억이라며 웃는다. 그러면서 항상 고맙게 생각한다는 그의 말에서 내 호의가 헛되지 않았구나 싶어서 다행이다.

잊히지 않을 권리

　탱자꽃이 피었다. 집을 매입하고자 했을 때 텃밭 울타리가 탱자나무로 이루어져 있어 마음이 끌렸다. 어릴 때 가졌던 귤나무에 대한 동경이 먼지를 털고 나오는 듯했다. 결국 추억의 반추는 매입의 결정 요인이 되었다.

　탱자나무 울타리 시작점에는 전신주가 하나 서 있다. 동네 전선이나 통신선은 이 전신주를 거쳐야만 한다. 전신주는 동네 전기와 통신 전송에 있어 중추적 역할을 하는 중요한 기둥이다. 탱자나무와 전신주는 서로 밀착되어 있지만 아래를 보면 공간이 헐렁하다. 그 틈을 이용하여 둘의 가치를 여지없이 추락시켰던 사람이 바로 옆집 할배였다.

할배는 꼭 그 자리에서 방뇨를 했다. 남자는 속옷을 내리지 않고 벽을 바라보고 있기 때문에 지나가던 사람들의 시선에 들키더라도 특정 신체 부위가 드러날 일이 없다. 하여튼 간에 할배의 간이 화장실이 된 울타리 주위는 지린내로 항상 절어 있었다.

전신주를 꼭짓점으로 탱자 울타리가 있어서, 할배의 방뇨가 포착되더라도 직진하는 차는 제 갈 길 가면 되었다. 하지만 할배의 등을 지고 가야 하는 나는 차마 지나갈 수가 없어서 기다렸다가 볼일을 다 보고, 마무리할 때까지 저만치 서 있어야 했다. 시동까지 끄고 기다리고 있자니 웃음 섞인 탄식이 이는 것은 어쩔 수 없었다. 할배는 설사 그런 나를 보더라도 보는 너가 부끄럽지 내가 부끄럽나 식이라 태연했다. 할배의 집 대문과는 고작 대여섯 발자국, 흔적을 고스란히 보면서 지나가야 하는 날은 그냥 웃픈 날이 되곤 한다.

할배의 방뇨로 속수무책으로 당하는 울타리 부근은 새 가지가 우후죽순 올라오면 전지만 해주었지 자세히 보지 않았다. 그런데 그곳에 유난히 꽃이 많이 피고 열매가 촘촘하게 달린다는 걸 한참 후에 알게 되었다. 할배의 오줌이 액비였다는 놀라운 사실이 숨어 있었던 것이다. 주민들 중에는 알코올과 약에 찌든 노옹의 오줌이 좋은 액비가 될 리가 있겠냐고 손사래를 치면서도 퇴비로 분뇨가 최고라는 것에서는 하나같이 입을 모으며 박장대소했다.

가을이 되면 파란 하늘 아래 노란 탱자 열매는 봄에 피는 하얀 꽃보다 더 돋보였다. 아무리 보기 좋아도 할배의 방뇨 영향으로 자란 열매라는 걸 아는 사람들은 탐을 낼 리 없었다. 외지인들이 가끔 탱자를 욕심내어 따 가지만 모르는 게 약이라는 말에 힘을 실어 나는 미소만 지을 뿐이었다. 그래도 남의 손에 사라지는 열매가 아쉬워 가시 속에 달린 탐스러운 탱자를 따기 위해 손을 집어넣었다가는 여지없이 찔렸다. 가시는 할배를 닮은 듯했다.

인연의 끝을 미리 알 수 있다면 얼마나 좋을까, 탱자나무의 성긴 가지 사이로 봄빛이 내려앉을 때, 할배는 다시는 못 올 먼 길을 떠나고 말았다. 지난 몇 해 동안 그렇게도 속을 끓이고 감정을 억누르게 만들던 할배와의 이별에서 덩그러니 후회만 남았다. 헤어짐이 이토록 허무할 줄이야.

할배는 막역한 이웃처럼 지난한 삶을 풀어놓기도 하고, 거리낌 없이 먹거리 부탁을 하며 잘 지내다가도 괜한 심사가 꿰져 싸움을 걸었다. 인내력의 한계를 지켜보기라도 하듯 이해 못 할 행동으로 감정을 흔들기도 하고, 어떨 때는 대책 없는 연민을 일게 하여 아프게 하기도 했다. 여러 감정을 허락 없이 손가락으로 찍어 맛보는 것 같아 말할 수 없는 용심이 내 속에서 집을 지었다.

어느 한 날이라도 날을 잡아서 할배의 속내를 들어 보고, 내 속이 이랬었노라고 허심탄회 말할 수만 있다면 인연의 실타래 끝을 가뿐하게 놓을 수 있으련만. 척력의 성질로 불가분의 위치에서 미운 정을 들여놓고, 간곳없는 자리에 고운 정이 이제야 비친다.

할배는 젊은 날에 어린 자식들을 두고 떠난 아내로 인한 상실감으로 실의에 빠져 술에 의지하여 살았다고 했다. 불행한 틀에 갇혀 행위가 왜곡된 채 빈한한 삶을 꾸려나가며 자기를 지키기 위해 가시를 품었을 것이다. 할배의 가시는 동네 주민들과 나를 찌른 듯하지만 오히려 상처 받는 게 두려워 가시가 되기를 자처했을 지도 모른다.

해마다 탱자는 흰 꽃으로 이승에서 못다한 한으로 태어나 누군가의 기다림을 바라며 노란 열매로 약속이라도 하라는 듯 또렷하게 나타난다. 할배의 영혼인 듯 나는 한참을 바라 볼 것이다. 아니, 그래야만 할 것 같다.

올해도 여전히 그곳에 탱자 꽃이 유난한 걸 보니 결실도 특별할 것 같다. 할배는 탱자나무 울타리와 전신주에 잊히지 않을 권리를 두고 떠났다.

밥 냄새에 소회를 싣고

　집 안에 구수한 밥 냄새가 퍼진다. 뜸이 돌아 솥뚜껑을 여는데 코가 먼저 밥 한 그릇 해치울 태세다. 윤기가 반질반질하고 찰기마저 돌아 후각과 시각이 즐겁다. 만석 아재한테 고맙다는 전화를 또 드려야겠다는 생각이 든다.

　보름 전, 만석 아재의 아내인 귀산 아지매가 저세상으로 떠났다. 칠순도 안 된 나이인 데다가 갑작스럽게 떠나 안타까움은 이루 말할 수 없었다. 마을 주민들과 정을 쌓고 지내다가 이러한 죽음과의 이별에서는 심한 몸살 앓듯이 몇 날을 우울하게 보내야 한다.

　만석 아재 부부와의 첫 인연은 그가 우리 집 단감 밭을 경작한 일부터였다. 그 마을에 있는 땅을 매입하기 전에 단감 밭은 이미 전 주인과 임대계약이 맺어져 있어 주인이 바뀌어도 경작자는 그대로 유지하는 상태였다.

하루는 대문으로 들어서는데 울타리 경계와 이어지는 단감 밭이 시끌벅적했다. 처음 겪는 상황이라 살펴봤더니 만석 아재가 일꾼들을 들여 한창 단감 수확 중이었다. 평소에 그 부부가 나를 모른척하는 게 얄밉기도 해서 감을 따면 딴다고 좀 알려주시지 그랬냐고 했다. 그랬더니 귀산 아지매가 말 떨어지기 무섭게 감 딴다고 말을 해야 하냐며 목소리에 힘이 잔뜩 들어있었다. 사실, 내가 주인이라고 으스대는 속내를 비추다가 그만 한 방에 나동그라졌다.

시내와 가까운 반촌인 마을은 땅값이 있어서 마을 주민들 중에는 땅부자들이 많았다. 단감 밭이 보통 천 평이 넘는 마당에 우리 집 단감나무 60그루 정도의 땅이야 땅 축에도 안 낄 정도였다. 만석 아재의 넓은 단감 밭 경계에 우리 밭이 있다 보니 꼽사리 끼워서 경작하는 거나 마찬가지였다. 그러나 만석 아재는 몇 천 평의 단감 밭이지만 전답田畓이고, 나는 건축물을 뺀 나머지 땅 300평도 안 되는 감나무 밭이지만 모두 대지垈地였다. 서로가 나름의 자존심 저울질 감이 될 만했다.

단감을 수확한 후 이제 더 이상 우리 집 단감 밭을 부치지 않을 테니 다른 사람을 알아보라고 했다. 매정한 말끝에서 부농의 자존심을 건드린 건지, 아니면 들어온 사람한테 부리는 텃세인가 해서 서운했다. 모든 것이 낯선데 밭부침할 사람을 찾는다는 게 쉽지 않았다. 결국 땅을 연결시켜 준 동네 부동산에 의뢰를 해서 찾아야 했다.

외지인이 주민들과 서서히 안면을 익히면서부터 어느 한 집이라도 서먹한 관계가 있으면 안 될 일이었다. 마을 행사 자리를 빌려서 만석 아재 부부에게 그때는 뭘 잘 몰라서 그랬는데 너그럽게 아우처럼 봐주시라고 머리를 숙였다. 외지에서 들어와 정붙이고 살려는 사람은 수그리면 관계가 완화된다. 그로부터 귀산댁 아지매와는 서로 챙겨주는 사이가 되어 같이 세월을 보냈다.

한여름 폭염으로 인해 며칠 만에 밭을 둘러보러 갔다. 마을 회관 앞에 다다르자 수런거리는 할매들 사이에서 귀산댁 아지매 초상을 치렀다는 소리가 들렸다. 기함할 일이라 잘못 들었나 했다. 익숙했던 무언가가 한순간에 사라진 듯하여 공허했다. 텃밭 일을 하면서도 내내 황망하게 떠난 귀산댁 아지매와 정들었던 지난날을 회상하고 있는데, 저 멀리서 만석 아재 오토바이 소리가 들렸다. 단감 밭으로 가기 위해서는 우리집 앞을 거쳐가야 하기 때문에, 위로의 말이라도 하고 싶어서 부리

나케 달려 나갔다.

　만적 아재는 초췌한 모습으로 앞만 보고 휙 지나갔다. 짝을 잃은 허망함에 누군가를 본다는 게 어색하고 멋쩍을 수 있겠다는 생각에 더 안쓰러웠다. 배우자와의 사별은 겪어보지 않으면 절대 알 수 없는 상실감이라더니 우울함이 얼굴을 덮어쓰고 있는 듯했다.

　끼니를 제때 챙겨 먹겠나 싶어서 퍼뜩 떠오르는 생각에 재첩국이 좋을 것 같았다. 입맛 없을 때 국이라도 넘겼으면 하고 재첩국을 팩으로 만들어 파는 지인집에 주문했다. 뒷날 택배가 도착했다. 마침 밭으로 가는 만석 아재를 만나서 오토바이 뒷좌석에 실어주었다. 그 자리는 평소에 귀산댁 아지매 자리였다. 쑥스러워하며 떠나는 만석 아재 등 뒤로 귀산댁 아지매가 보이는 듯했다.

　그리고 사흘이나 지났을까. 만석 아재가 작업복 차림으로 우리 집을 기웃거렸다. 잠시 후 오토바이에 쌀 한 자루를 싣고 나타났다. 밭에서 일하다가 내가 집에 왔나 하고 살핀 후, 농사지은 쌀을 직접 도정하여 가져왔다고 했다. 혹시라도 내가 본가로 갈까 싶어 급하게 서둘렀다며 쌀 자루를 내리는데 작업복이 땀으로 젖어 있었다. 나는 수고스럽게 이게 웬일이냐며 어쩔 줄 몰라 했다. 분에 넘치는 인정을 받고는 잘 먹겠다고 인사를 하는데 만석 아재의 짙푸른 장화 위로 땀방울이 떨어졌다.

그 모습을 보면서 세월이 흘러 잊힐 만도 한 미안함이 고개를 들었다. 이렇게 순박한 사람인 줄도 모르고 한때는 자존심을 앞세워 텃세 부린다고 오해를 했던 것이 더 없이 미안했다. 귀산댁 아지매가 떠난 후 알게 되었다는 것 또한 후회스러웠다.

식기에 밥을 퍼담는데 심중소회가 김을 타고 오른다.

고개 숙인 정

 마을 이장의 낡은 오토바이 소리가 들린다. 탈탈거리는 소리에 대문 밖으로 나선다. 아이처럼 두 손을 배꼽 아래에 붙이고는 "이장님, 밭에 가십니까?" 밝은 목소리로 인사를 하자 이장은 웃으면서 한 손을 들어 올리고는 지나간다.
 지금의 이장이 선출된 지 3년이 되었다. 2년 임기를 채우고 주민들의 다수결에 의해 연임을 하고 있다. 그동안 이장과는 데면데면한 사이로 만나면 인사나 할 정도였다. 전 이장이 워낙 인정스럽게 대해주었기에 새로 바뀐 이장과 쉽게 정이 들지 않았다. 거기다 말수가 적고 뻣뻣해서 말을 붙이다가는 무안이라도 당할까 싶어 심적 거리부터 재었다.

야트막한 산 아래 있는 세컨하우스는 해마다 장마철이 되면 소란스러웠다. 집 배경이 되던 낮은 산은 폭우가 내리면 깊은 계곡을 낀 산처럼 많은 물을 쏟아냈다. 집 경계에 있는 밭에서는 여기저기서 생긴 물줄기가 구멍을 내어 뿜어져 나오고, 앞길에서는 물이 걷잡을 수 없을 정도로 휩쓸려 내려왔다. 그렇지만 이내 마을을 가로지르는 도랑이 있어서 동네 주민들에게 피해는 생기지 않았다. 그런데 지난 봄에 도랑을 복개하고부터 문제가 생겼다.

도랑 옆으로 난 길이 좁아서 산밭으로 가는 트럭이나 동네 안으로 가는 승용차가 추락할 위험성에 늘 놓여있었다. 시청에 민원을 수차례 넣은 결과, 지원금이 나와서 주민들의 회의를 거친 후 일부분을 복개하기로 결정했다. 좁은 길을 다닐 때 바짝 신경을 써도 조마조마했던 터라 복개 결정에 모두 환호했고, 공사가 진행되는 동안에도 불편을 감수했다.

복개를 하고 나서는 길이 두 배로 넓어져서 더 이상의 문제는 없어 보였다. 그런데 이도 잠시, 비가 오면 위에서 내려오는 물이 길을 따라 동네 안으로 흘러들었다. 원인은 복개를 하면서 경사진 면에다가 배수로 물 **빠짐** 덮개를 설치했기 때문에, 그곳으로 물이 흘러들지 않고 엉뚱한 곳으로 물길이 생긴 것이었다. 마을 주민들은 공사한 업체에다 보수공사를 요구할 것을 건의했다. 나 또한 물 빠짐 덮개 위치가 잘못되었다고 주민들 말을 거들었다. 그럴 때마다 이장은 대수롭지 않게 여겼다.

그 해 여름, 드디어 이장과 감정 상하는 일이 생기고 말았다. 태풍 여파로 전에 없던 폭우가 내렸고, 흙탕물이 거침없이 내려가서는 아래 집들 마당이 잠기는 사태가 일어났다. 주로 홀로 지내는 할매들이 처음 겪는 일에 놀라서 몸뻬를 허리춤으로 있는 대로 끌어올리고서는 우리집이 물폭탄의 발원지라도 되는 것처럼 목을 빼고 기웃거렸다. 나도 물 피해를 입은 처지인데 난감했다.

이장한테 전화를 했다. 이장은 이미 몇 통의 공사 불만 전화를 받은 터라 짜증이 베여 있었다.

"모두 나한테 와 그라요? 아지매 집은 아무 상관 없는 일인데 와 그라요?"

사실 따지고 보면 우리집은 해마다 겪는 일이라 아래 집들이 피해가 생기든 지금 벌어지는 일과는 상관없다. 하지만 우리집이 마치 물 저장고가 되어 터지기라도 한 것처럼 살피기를 하니 마음이 편치 않고, 누가 봐도 공사가 잘못된 것이라 주민으로서 항의는 확실하게 해야 할 것 같았다.

이장의 뜬금없는 화에 나는 그만 기분이 상해서 목소리가 높아졌다.

"아니 그럼, 동네 일인데 이장님한테 말하지 누구한테 합니까? 참, 어이가 없네요…."

영화의 한 장면 대사처럼 어이없다고 표현한 것이 내심 걸렸지만 큰오빠 뻘 정도의 나이로 봐서 좀 까불었다 생각하기로 했다.

긴 장마철이 지나고 물 빠짐 공사를 다시 해서 해결은 되었지만 이장과의 관계는 더 서먹해졌다. 그때까지만 해도 이장의 나이가 60대 초반 정도인 줄 알았다. 나보다 고작 몇 살 위인데 왜 이렇게 말귀를 못 알아들을까 싶어 말투에 감정을 실었었다. 그런데 한참 후에서야 칠순 중간을 넘긴 나이로 노인회 회장 직함까지 있다는 사실을 알고 아연실색했다.

농어업인은 야외에서 주로 일을 하기 때문에 자외선 노출로 인해 피부 노화가 빠르다. 그래서 실제 나이보다 더 들어 보이는 경우가 허다하다. 반대로 더 젊어 보이는 경우는 극히 드문데 이장이 바로 후자의 인물인 경우였다.

나이와 상관없이 나의 차가운 응대에 대한 죄송함, 더구나 연세가 있는 분한테 나이를 가늠하여 언사가 경솔했던 걸 깊이 뉘우치며 당장이라도 사과를 해야 할 것 같았다. 마침 집 근처 이장 소유의 단감 밭에서 소리가 들려 찾아갔다. 사람이 미안하면 말이 많아진다더니 동안童顔에 힘을 실어 너스레를 떨었다. 군더더기 살을 붙여가며 대화가 유연해지자 그 틈을 이용해 골자를 말하며 고개를 숙였다. 이장은 "와그라요? 미안케시리." 하면서 겸연쩍은 듯이 나를 쳐다보았다. 언어에 색이 있다면 지금의 '와그라요' 색은 화해의 민트색이 아닐까 했다.

 이장을 만날 때 하는 나의 배꼽 인사는 불교에서 말하는 업장소멸 기도와도 같은 것이다. 그날의 경솔함이 내 안에서 퇴색되어 사라질 때까지 배꼽 인사는 계속할 것이다.

제3장

사이의 무늬

도라지꽃 / 40×70 / 혼합재료 / 2025

함께 살아온 존재들, 가장 가까운 거울을 마주하다

가족은 가장 가까운 사람인 동시에, 가장 멀리 돌아서야 이해할 수 있는 존재이기도 하다. 함께 살아오면서도 끝내 다 닿지 않는 마음의 거리, 그 미세한 틈새에서 삶의 진짜 무늬가 피어난다. 남편과의 대화 사이, 자녀를 바라보는 복잡한 감정, 익숙함 속에 감춰진 낯섦은 세월을 흐름 속에 익숙해져 있다. 이 장에 담긴 이야기는, 사랑을 말하면서도 쉽게 닿지 않는 사이, 웃음 속에 숨은 서운함, 그리고 말하지 못했지만 오래 간직한 애정의 기록이다.
우리는 늘 '사이'를 살아간다. 그 사이에 피어나는 무늬를 조심스럽게 바라보고, 또 썼다.

껴묻거리

고령 지산동고분군 탐방에 나섰다. 고개마루에 올라 소나무 그늘에서 주변 경관을 둘러 보았다. 주산 능선을 따라 큰 봉토분과 작은 무덤 수백 기가 보는 이들을 숙연하게 했다.

가야 사람들의 신앙과 사후세계관이 반영되었으며, 사자를 위한 대가야왕릉전시관에는 우리나라 최대 규모의 순장 왕릉인 44호분의 내부 모습이 그대로 재현되어 있었다. 순장된 사람만 해도 40여 명에 이른다. 무덤 주인공의 권력을 과시하거나 저승 생활에 필요한 껴묻거리를 다양하게 넣어 두었다. 껴묻거리는 죽은 자를 매장할 때 함께 묻는 물건을 말한다. 토기 앞으로 자잘하게 놓인 장신구를 유심히 살펴보다가 할머니의 반지가 떠올랐다.

할머니는 이른 나이에 결혼을 하여 자식 열 하나를 낳고 막내 아들을 뱃 속에 품은 채 남편을 잃었다. 젊은 나이였지만 과부로 수절하며 후살이를 하지 않고, 그 많은 자식을 전염병으로 잃고, 더러는 명이 짧아 보내고 해서 딸 둘에 아들 넷을 성장시켰다. 할머니는 열한 번째 아들인 내 아버지와 사시겠다고 했고, 그로부터 엄마의 고된 시집살이가 시작되었다. 할머니는 마음이 조금만 틀어져도 문을 걸어 잠그고 식음을 전폐하며 애를 태웠다. 아들 내외는 영문도 모른 채 방문 앞에서 무릎을 꿇고 잘못했다고 빌고 또 빌었다.

"어무이, 제가 잘못했습니다. 문 좀 열어주이소."

파리 손을 거듭 비벼 올리면 그때서야 문고리에 걸었던 숟가락을 뺐다. 어린 나이에 억지스런 할머니가 원망스러웠고, 아버지 엄마가 애련하여 눈물이 날 지경이었다.

할머니는 늘 한복 차림으로 곰방대를 물고 뻐끔거리거나, 노란 양은 주전자에 담긴 막걸리를 마시고는 낮잠을 주무셨다. 나는 목침을 베고 코를 고는 할머니를 보면서 세상 편한 베짱이를 떠올리곤 했다.

여름에는 엄마의 다듬이질 소리가 마당을 메웠다. 깔깔한 모시옷 수발이 쉽지 않았을 텐데 빳빳하게 풀 먹여 다린 모시옷을 입고 할머니는 마실을 나가셨다. 속고쟁이까지 만들어 입히셨으니 엄마의 골무는 쉴 날이 없었고, 재봉틀 돌아가는 소리가 방안에 가득했다. 돌돌거리는 소리가 꿈인 듯하다가 아침에 일어나면 맷돌 위에 어제의 흔적이 없는 흰 고무신이 엄마의 하얀 밤을 잊은 채 가지런히 놓여 있었다.

할머니는 여든셋 되던 해에 임종을 맞았다. 힘겹게 생명의 끈을 이어가며 호된 시집살이를 시키던 며느리에게 진심을 전했다.

"그동안 고생했네. 고맙네이. 내가 자네 명과 복, 다 이어주고 가겠네."

무던히도 인내하며 시어머니를 극진히 봉양하는 속 깊은 며느리라는 것을 알면서도 토닥거리는 마음을 드러내지 못했던 것을 한꺼번에 토해내는 듯했다.

"다음 생에는 내가 자네 며느리가 되어 주겠네이."

마지막 점을 찍 듯 한 마디에 모든 걸 담아냈다. 그러고는 가는 숨을 헐떡이며 당신 손가락에 있는 금반지를 **빼**라고 있는 힘을 다해 말씀하셨다.

"어서 **빼**라. 손가락 굳어지기 전에 어서 **빼**라."

엄마는 눈물만 흘릴 뿐 그럴 수 없다며 손만 잡고 있었다. 그 모습을 지켜보던 아버지가 할머니 손가락에서 반지를 **뺐**다. 아들이 칠순 생신 선물로 해 드린 금반지를 뺀 자리는 처음으로 이탈된 것처럼 검푸른 띠가 둥근 골을 만들었다.

엄마는 눈물에 젖은 반지를 할머니 손가락에 다시 끼우려고 했다. 반지를 뺄 때는 쉽게 빠졌던 것이 다시 끼우려니 여간 힘을 써도 손가락에 들어가지를 않았다.

"어무이, 아무 걱정 마시고 편안하게 가셔요이."

엄마는 사별 앞에서 응어리졌던 마음을 풀어헤치며, 가슴이 미어지는 듯한 회한으로 눈물을 쏟아냈다. 그제서야 할머니 손가락에 반지가 들어갔다.

할머니가 엄마에게 정표로 주었던 눈물 젖은 반지는 무수한 이야기를 담은 채 할머니 손가락에서 영원히 묻힌 껴묻거리가 되었다.

전시관에서 나오자 한바탕 소나기가 내렸다. 흙냄새가 채 가시지 않은 땅을 밟으며 대가야 왕릉의 껴묻거리는 깊은 여운이 되어 비처럼 스며들었다. 할머니의 반지는 비로소 내 마음 속에서 껴묻거리로 출토되었다.

부자마을 사래기와

 문학기행 코스로 진주 지수에 있는 승산부자마을에 갔다. 마을은 한국의 100대 재벌 중에서 다수를 배출한 기업가들의 성지로 불리고 있다. 예로부터 천석꾼이 모여 살았다 하니 부자의 기운이 모이는 명당자리가 틀림없다.
 개천을 따라 부자마을답게 기와집들이 즐비하게 늠름하고 당당하게 있었다. 기와집마다 눈에 띄는 것은 사래기와였다. 골목을 돌아 탐방하는 사이에도 높이 날렵하게 솟아 있는 날의 기와가 우리 일행을 내려다보고 뭔가 인사를 하는 듯, 할말이 있는 듯했다.
 사래기와의 역할이 바로 집안의 기둥을 썩게 하지 않고, 부가 나가지 않도록 액을 막고, 집을 튼튼하게 지켜주는 역할을 하지 않는가. 사래기와가 비로소 부자마을의 어떤 상징성과 같은 것이다. 사래기와가 부와 연결되어 있고, 사래기와의 역할이 비가 새지 않게 해주고, 액막이를 해주고, 집을 부유하게 해준, 한마디로 우리집을 지탱해 준 남편의 역할과 딱맞다.

남편은 가난한 집에 삼 형제 중 막내아들로 태어나 돌도 안되어 아버지가 돌아가셨다. 홀어머니 밑에서의 어려운 처지의 삶이란 짐작으로도 충분하다는 것을 남편의 말에서 알 수 있었다.

어느 겨울, 눈이 소복이 쌓인 새벽에 어머니가 큰 사발에 눈을 가득 담아와 아들을 깨웠다. 하얀 눈을 먹으면 이다음에 잘 살 수 있다며, 어서 먹으라고 재촉해서 덜 깬 눈을 비비며 그 눈을 먹었다. 어린 마음에 많이 먹을수록 더 잘 살 수 있을 거란 생각에 한 그릇을 다 먹었는데, 차가운 눈이 목구멍을 타고 비워진 속으로 흘러가는 동안 냉기가 온몸으로 퍼져 아침 한 끼를 잊게 만들었다. 어려운 살림에 아들에게 그렇게라도 먹이고 싶어 했던 어머니의 마음을 알기에, 어렸지만 그날을 계기 삼아 부자가 되리라 마음먹었다고 했다.

가난한 사람은 근면과 성실함이 무기다. 남편은 그러한 무장으로 직장에서 인정할 만큼 열심히 일했다. 그러다가 결혼하여 아이가 생기자 잘 다니던 직장을 그만두었다. 사업으로 성공하여 부자가 되고 싶은 마음이 강했다. 새벽 눈을 먹어 본 사람으로서, 그 길만이 가족의 넉넉한 식탁 생활과 안위를 영위할 수 있다고 생각했다.

원대한 포부만 가지고 경험도 없이 시작한 사업에 IMF 위기가 기다리고 있었다. 결국 빚만 남긴 채 파산하고 말았다. 그 당시 카드 돌려막기를 하며, 빚 독촉에 시달리면서도 젊은 오기로 버텼다. 바닥을 치고 나면 오를 일만 남았다고 억센 투지로 재기를 꿈꾸었다. 마치 부자가 되어야 한다는 사명감을 가지고 태어난 사람처럼 일념이 강했다.

마음이 암흑 천지 같았을 때, 남편은 나를 데리고 집에서 멀지 않은 곳으로 등산을 자주 다녔다. 남편은 가끔 그때를 떠올릴 때마다 내 두 손을 끌어 슬며시 잡는다. 가파른 산을 오르다가 중간에서 숨이 턱까지 차오르는데 내가 말했다고 한다.

"여보, 지금 이 상황이 우리가 처한 상황과 같으니 힘들지만 조금만 참아요. 곧 정상에서 시원한 바람을 맞으며 아름다운 풍경을 바라볼 수 있을 거예요."

그 말이 그렇게 큰 위로가 되었다면서 남편은 고맙다며 떨림 있는 소리를 자주 했다. 강산이 두 번이나 바뀌었는데도 지금도 그 기억을 들추면서 울먹일 때가 있다.

사래기와 중앙에 못 구멍이 있다. 자기 몸을 관통하여 추녀를 지키듯 남편은 가족을 위해 희생하며 고생을 감내했다. 일념 하나로 고통의 못을 박은 채 살아 온 날들을 내 어찌 모르겠는가.

남편은 비바람에 모진 세월을 막아낸 사래기와처럼 가족의 안위를 위해 수호자가 되었다. 결국 재기에 성공했다. 실패를 밑거름 삼아 부단하게 노력하다 보니 주변을 돌아볼 여력이 있을 정도로 살게 되었다.

부잣집 사래기와를 보면서 당신을 생각했노라고 말했더니 남편은 재벌은 아니어도 경제적으로 마음이 평온하니 부자라고 하면서 미소를 지었다. 그러고는 이어서 말했다.

"승산마을의 부자 명당자리는 아니지만 내가 일구어 터 잡은 이곳이 명당 자리고, 끌어주고 밀어주는 부부애가 있으니 나는 이미 재벌의 반열에 섰네."

남편은 부자마을 이야기에 화룡점정을 찍었다.

기다림의 얼굴

 엄마 목소리가 들떠 있었다. 친정집에 도착하려면 아직 30분 남짓 남았는데 보따리를 골목 앞에 내려놓았다는 전화를 하셨다. 바쁜 일 끝내놓고 모시러 가겠다고 한 말을 심중에 새기고 있다가 딸이 올 날만을 손꼽아 기다렸던 것이다. 불편한 걸음으로 경사진 골목길을 몇 번이나 오르내릴 것이 분명한데 걱정이 앞서 마음이 급해졌다. 갈 때까지 가만 계시라고 해도 움직일 게 뻔했다. 딸집에 어서 가고 싶어서, 그보다는 딸자식이 땀을 뺄까 싶어 미리 힘을 썼을 것이다.
 골목 입구에 다다르자 엄마의 몸은 짐보따리들 속에 묻혀있고, 이쪽을 응시한 채 목을 뺀 얼굴만 보였다. 빈 몸으로 와서

편히 지내다가 가셔도 뭐라고 할 사람 없는데 바리바리 손수 장만한 먹거리로 가득했다. 여름 볕을 머리에 이고 언제부터 이러고 있었을까. 옆에 동무처럼 같이 앉아있던 어르신의 "너 그 엄마 아까부터 이러고 앉아 있다." 라는 말에서 그림을 그리고도 충분했다.

친정엄마의 이러한 모습에서 어머님이 보였다. 두 기다림이 꼭 닮았기 때문이다. 어머님을 생각하면 죄스러움이 먼저 일고, 후회감이 꿈틀대며 살아나 나도 모르게 한숨을 쉬거나 고개를 숙이게 된다.

명절 때 어머님 댁에 가면 언제부터 기다렸는지 골목 귀퉁이 담벼락을 등받이로 하고 지팡이를 친구 삼아 시간과 무관한 듯 막내아들을 기다렸다. 양손으로 막내며느리 얼굴을 쓰다듬으며 우리 애기 왔냐며 반가워하던 어머님의 따뜻한 기억이 죄의식을 부른다.

이른 아침에 깨어나면 어머님에게서 새벽 냄새가 났다. 새벽 시장에 다녀오셨기 때문이다. 낙지탕탕이 접시를 내밀며 어서 먹으라고 재촉하면 눈곱도 안 뗀 눈으로 젓가락질을 했다. 어머님의 정성이 황송해서 급하게 입에 넣고 오물거리는 모습을 쳐다보시며 마냥 행복해했다.

한번은 나물 비빔밥을 만들어주셨는데 재료를 실낱같이 썰

어서 목구멍으로 미끄러지듯 술술 잘도 넘어갔다. 어머님은 볼이 미어지게 맛있게 먹는 며느리 모습을 보며 뿌듯해하더니 그 후로 갈 때마다 나물 비빔밥을 해주었다. 주시는 사랑을 밥숟가락에 덥석 얹어 마냥 받아먹기만 했으니 불효막심한 며느리였다.

명절 뒷날이 되면 서울살이 하는 친정 동생들이 내가 도착하기 전에 떠나면 어쩌나 싶어 조바심을 내었다. 어머님께 동생들을 만나봐야 돼서 친정에 가면 안 되겠냐고 철없는 소리를 했었다. 어머니는 망설임 없이 등을 밀었다. 잘 가라고 손 흔드는 어머님 모습에서 기다림의 허망함에 대한 마음을 읽어 내지 못했다. 어찌 그리도 철이 없었을까.

두 어머니의 기다림을 받으며 자식을 성장시키고 보니 어느새 나 또한 두 어머니의 기다림과 닮아있다. 자식들이 집에 온다면 며칠 전부터 설레고, 당장 보고 싶은 마음에 안달이 나서 창밖을 자꾸만 내다보게 된다.

며칠 전 유학 중인 딸아이가 집에 와서 겨우 이틀 밤을 보내고 일정이 있다며 야속하게 떠났다. 기다림이 허망하여 밥맛도 사라졌다.

그 옛날에 엄마의 딸과 어머님의 며느리였을 때 오늘날의 허망한 기다림을 움켜쥐게 될 줄 몰랐다. 출국하는 딸아이 등에 대고 너도 언젠가는 후회할 날이 있을 거라며 궁시렁거렸지만 나의 경험에서 비롯된 자조自嘲 섞인 말이었다.

어머니라는 이름은 늘 자식 기다림에 허기져 끝내 채우지 못하고 말 숙명을 가진 존재인 것 같다. 나를 목이 빠지게 기다리다 지쳐있던 엄마를 싣고 오면서 어머님을 그리워하며 감히 나의 기다림을 생각해 본다.

부적으로 위장한 러브레터

　차茶를 좋아하는 사람들과 조지아의 야생차밭 탐방을 목적으로 여행을 가기로 했다. 그동안 들떠있던 것과는 달리 막상 떠나기로 한 날이 다가오자 주변국인 이스라엘과 팔레스타인의 전쟁으로 불안한 마음이 일었다. 거기다 조지아는 구 소련 연방 체제하에서 독립한 나라인데 북부의 어디쯤은 여전히 러시아의 보호 아래 있으며, 러시아는 현재 우크라이나와 전쟁 중이지 않은가. 조지아는 이러한 지정학 상으로 분쟁국들과 인접해 있어서 혹시 여행 도중 불똥이라도 튀지 않을까 하는 조바심이 생기는 것은 어쩔 수 없었다.
　이 불안함을 잠재울 수 있는 애착물이 필요했다. 가장 친근

한 애착물이 뭘까를 생각하던 중에 제일 가까운 곳에서 찾아냈다. 바로 남편의 러닝셔츠였다. 남편에게 매일 갈아입는 러닝셔츠를 찜찜해도 이틀을 입었다가 벗으라고 부탁했다. 남편은 생뚱맞은 소리에 이유를 물었고, 나는 호기롭게 답했다.

"여행 가서 무서우면 당신 냄새 맡고 자려고 그러지."

남편은 곧바로 변태냐고 했다. 그러면서 하루도 아니고 왜 꼭 이틀을 입어야 하냐고 물었다.

"하루는 냄새가 약해. 이틀을 입어야 당신 냄새가 더 깊게 배이잖아."

그 말에 남편은 입을 벌리며 어이없어했다.

변태도 아니고 남편의 속옷을 가져가겠다고 하니 누가 들어도 이상하겠지만, 나에게는 길다면 긴 10일 동안 타국에서 심리적으로 안전하게 지낼 묘책이었으며, 나를 지켜 줄 부적이었다. 집을 떠나 어디를 가게 되면 베개를 챙겨 다니는 나인지라 남편은 변태냐고 놀리면서도 내 마음을 헤아려서 이틀 동안 러닝셔츠를 갈아입지 않았다.

여행 떠나기 전날, 남편의 냄새가 밴 꼬질한 러닝셔츠를 반듯하게 개어서 체취가 빠져나가지 않게 지퍼락에 넣어 꼼꼼하게 포장했다. 그 어떤 위험한 상황 속에서도 나를 지켜주는 부적물이 되어 여행 가방 속에 실렸다.

비행시간은 참으로 지루하고 피곤했다. 최근 들어 러시아에서 조지아에 대한 비행 금지를 하는 바람에 조지아 직항노선이 사라졌다. 그래서 튀르키예에 내려서 다시 수속 절차를 밟아 조지아로 가야 했다. 이동할 때마다 긴장감으로 정신을 바짝 차려야 했고, 14시간이라는 장시간 비행에 몸과 마음은 지칠 대로 지쳤다.

숙소에 도착하자마자 침대에 벌러덩 누워서는 집 나가면 개고생이라더니 집 생각이 간절했다. 여행 기간 동안 한 방을 쓰게 된 A와 널브러져 있다가 서로 정한 위치에서 짐 가방을 열었다. 제일 먼저 꽉 들어찬 짐 속에서 나를 지켜줄 부적물을 찾았다. 침대 옆 협탁 위에 조심스레 꺼내놓으면서 A에게 자초지종을 말하며 소중한 물건이라고 한바탕 웃음을 주었다.

일행들과 저녁을 먹는 자리에서 A가 폭로한 나의 부적물은 진짜 웃음거리가 되었다. 그 나이에 남편이 그렇게 좋냐며 기이하게 보면서도 정말 변태 아니냐며 놀리기까지 했다. 웃음 속에 자칫 오해할 소지가 다분한 상황이라 나는 옹녀도 아니요, 또한 성애자도 아님을 거듭 강조하며 호신용 부적물일 뿐이라고 말했다.

그러자 가만히 듣고 있던 B가 이런 러브레터를 본 적이 없다고 했다. 생각지도 않게 부적물은 감성을 자아내는 러브레터가 되었다. 그리고 보면 남편의 꼬질하고 살내 나는 러닝셔츠 속옷을 애착물처럼 챙겨서는 부적이라고 여겼으니 은연중에 남편에게 보내는 러브레터인 셈이었다. 그 순간, 변태냐고 어이없어하던 남편 얼굴을 떠올려 보았다. 분명 싫지 않은 기색이었고, 깔끔한 남편이 이틀 동안 속옷을 갈아입지 않고 버텨줬다는 것은 이미 내 러브레터를 받았다는 것이기도 했다.

　부부지간 사랑을 아름답게 각색하여 러브레터가 된 부적물은, 여행 기간 동안 단 한 번도 쓰이질 않았다는 것은 다시없을 웃픈 일이었다. 매일 일정대로 빠듯하게 돌아다니다 보니 숙소에 돌아와 씻고 누우면 곯아떨어지기 바빴다. 여행 오기 전 걱정했던 불안함과 무서움이 웬 말이며, 부적물이 있었는지조차 모를 정도였다. 부적물은 남편과 주고받던 하루 만의 일에 불과했고, 러브레터로서는 충분했다.

　여행에서 돌아온 나에게 남편은 챙겨간 자기 러닝셔츠가 잘 쓰였는지 묻지 않았고, 나 또한 단 한 번도 쓰이지 않았다는 것을 말하지 않았다. 부적으로서는 영원한 노코멘트가 되었지만, 그날의 러브레터는 확실하게 각인되었다.

제 2라운드

　입춘이 지나고부터 텃밭을 자주 둘러본다. 아직 추위가 눌러붙은 밭은 빛 바랜 갈색으로 모양 빠지는 모습이지만 한겨울을 거뜬하게 이겨낸 기운으로 차 있다. 지난가을 수확 후 남은 부산물들과 바람에 날려 든 낙엽들을 걷어내니 용케 살아있음을 확인시켜주는 파릇함이 보인다.

　텃밭에서 생사는 여실히 드러난다. 추위를 고스란히 맞은 식물들은 이지러지거나 죽거나 하고 낙엽 한 장에라도 의지했던 식물들은 궁색해 보이지만 생명이 탄탄하다. 얼핏 드는 생각으로 텃밭이라는 작은 면적에서 벌어지는 일이 인생의 생사와 다를 바 없다.

집을 지을 때 울타리 밖으로 작은 텃밭을 일구었다. 환경 오염으로 인해 안전한 먹거리에 대한 걱정 해소와 직접 키우는 재미를 느껴보면서 몸과 마음이 건강해질 수 있는 취미 공간으로서의 역할을 기대했다. 초보 농부라 농사에 관련된 여러 정보와 경험들을 찾아보고 들어보면서 그 해 봄은 설렘으로 가득했다.

텃밭을 가꾸는 것은 인간이 누릴 수 있는 즐거움이라는 걸 체득하며, 잡초 뽑는 일마저 노동으로 여기지 않고 하나의 과정으로 생각했다. 토양을 다듬어 뿌리거나 심어만 놓으면 자리를 메우는 것을 보며 정직성에 감탄했다. 그리고 모든 것들의 바탕이 되는 땅심이 깊어져야 살아있는 모든 것을 품어 낸다는 사실은 큰 교훈이었다.

순수함에 이끌려 즐거움에 취하다 보니 어느 때부터 욕심이 들락거렸다. 결국 집 위쪽에 있는 감나무 밭에 감나무 몇 그루를 뽑아내고 그 자리에 또 텃밭을 만들었다. 밭이 두 개가 되었다. 이웃에서 힘들게 왜 일을 벌이느냐고 했지만 그 힘듦을 감당할 만큼 밭이 주는 감동과 감상의 몫이 컸다.

동네 산밭에는 추위에도 불구하고 입춘에 힘을 실어 농사 채비하는 모습들이 보인다. 올해는 어떤 식물들로 가꿀까 생각하니 설렘이 훅 밀고 들어온다. 퇴비 뿌리는 시기와 이랑마다 심을 것들을 고려하고 있는데 이웃집 아저씨가 지나다가 말을 건넨다. 산밭으로 가는 길목에 우리 밭이 있어서 만날 때마다 농사 경험치로 조언을 아끼지 않는다.

아저씨의 산밭은 일철이 되면 일터가 되고, 휴식기인 겨울철에는 주로 운동 코스로 이용하고 있어서 운동 가시냐고 했더니 꼭 운동만 가는 게 아니라며 부부지간에 다투기라도 하면 순간을 피하기 위해 산밭으로 간다고 했다. 아니, 고희를 바라보는 나이에 아직도 부부 싸움을 하냐고 의아해서 물었다. 젊어서야 의견 충돌로 다투기 일쑤라 그 시절을 보내봐서 알지만 늙어서까지 서로 부대낄 일이 뭐가 있을까 궁금했다. 그랬더니 부부 간 싸움은 지금부터라 했다. 이해할 수 없는 말이었지만 어떤 암시가 들어있는 말 같았다.

늙어서는 측은지심으로 싸움은 없을 거라고 생각했는데 평생을 티격태격 감정에 스크래치를 내며 살아야 한단 말인가. 짧게나마 남편과 미래의 감정 소모를 상상하며 아찔해 했다.

"아이들 키울 때는 못 싸우고 이제 둘만 남았으니 마음 놓고 싸워요. 싸움이 거세지기 전에 피신했다가 집으로 가면 괜찮아지고."

우문현답 같은 말에 스며드는 깨우침이 있었다. 젊어서는 생각은 물론이고 가슴마저 좁아 서로 간의 시시비비로 감정 상하는 일이 비일비재했을 텐데 말이다. 물론 내 경험으로 유추해 보는 것이다. 아이들 키울 때는 못 싸웠다니 아저씨의 바른 성품에서 나를 돌아보다가 지금부터 싸울 때라는 말을 미끼처럼 덥석 물게 되었다.

서로 감정의 파동이 일면 누군가 먼저 충돌을 피해 시간의 틈을 가진 후 잠잠해지며, 묻지도 따지지도 않은 채 게임 아웃이다. 제2라운드는 승패가 필요 없는 싸움이다.

올봄부터 남편이 텃밭 일을 도와주겠다고 한다. 밭을 확장하여 경작하고부터 힘이 부치는 건 사실이다. 다행이다 싶은 생각이 들다가도 좌충우돌 상황이 예상된다. 텃밭지기 십 년이 넘는 경력을 무시하거나 초보자의 고집을 부린다면 가만히 있을 수는 없을 노릇이니 이웃집 아저씨 나이대로 갈 것 없이 아이들도 제 갈 길 갔겠다 본격적인 싸움 제2 라운드는 예고된 상태에 놓였다.

아저씨의 산밭처럼 피신처가 되던 곳이 피신해야 될 곳으로 변할지 모를 일이지만 밭에 세상의 이치가 들어 있고, 온전한 기쁨으로 품는 능력이 있으니, 사랑 에너지로 전환될 것이라고 믿는다. 그 바탕 위에 제2 라운드는 치러볼 만하지 않겠는가.

추위는 여전한데 절기가 봄을 말해주니 마음은 이미 봄이다. 발자국 소리로 인생 2라운드를 깨운다.

기억을 우려내다

　입안 가득 퍼지는 페파민트 향은 마치 오래된 기억의 창문을 열어젖히는 바람 같다. 차가운 듯 상쾌한 향이 혀끝을 스치면 마음속에 잠자던 이야기가 슬그머니 고개를 든다. 고요한 오후, 한 모금의 차는 기억의 밑동에 숨은 이야기를 끌어올린다.
　몇 해 전, 밭 귀퉁이에다 허브종인 페파민트를 심었다. 허술한 땅이었으나 이른 봄만 되면 헐거워진 흙 틈 사이로 촉을 뻗어 무성히 자랐다. 지나가다 손끝으로 한 번 스윽 훑기만 해도 기다렸다는 듯 향기를 뿜었다. 특히 비 온 뒤 잎을 살짝 비틀면, 시원한 기운이 손끝에 맺혀 오래도록 따라다녔다.
　하지만 여름의 뙤약볕은 늘 가혹했다. 가을 초입이면 페파민트는 조금씩 삭아가며 힘없이 쓰러져 누웠다. 나는 쓰러진 줄기를 잘라내며 밭을 정리했다. 잘려 나가는 순간에도 잎은 마지막 힘을 다해 향기를 흘렸다. 그렇게 황량한 밑동만 남았다. 그러나 며칠간의 가을비가 내린 뒤, 그 밑동에서 다시 새순이 돋는다. 한 계절의 끝에서 또 다른 계절이 피어나는 셈이다.

그 생의 순환을 보며 나는 문득 내 딸아이를 떠올렸다. 페파민트 향기는 상큼하고 발랄하면서도 혀끝을 톡 쏘는 그림자를 지녔다. 그 속성이 열일곱 살 소녀의 반항과 고집과 닮아 있었다. 가까이 다가서면 사랑스럽다가도 이내 심술을 부리며 등을 돌리는 딸, 그 속내를 다 알지 못한 채, 나는 한결같은 걸음으로 곁에 서 있어야 하는 엄마였다.

그래서 딸을 위해 작은 주머니를 만들었다. 삼베 천을 가져와 바느질로 적당한 크기를 짓고, 물감을 풀어 소녀 감성이 물씬 풍기는 분홍빛으로 물들였다. 마당 햇살을 끌어와 곱게 말린 뒤, 주머니 중앙에 작은 풀꽃 한 무더기를 그렸다. 딸아이가 그 풀꽃을 바라보며 마음속 들판을 걸을 수 있기를 바랐다. 딸은 나에게 가장 빛나는 꽃이었다. 꽃을 들판으로 보내 걸음마다 바람을 맞게 하는 것이 엄마의 몫임을 오래전 나의 엄마에게서 배웠다.

내 어머니도 그러셨다. 고등학교 시절, 나는 고삐 풀린 망아지처럼 들쑤시며 이유 없이 화를 내던 딸이었다. 그럴 때마다 어머니는 풀꽃을 꺾어다 내 책상 위에 두었다. 크기와 모양이 제멋대로인 들꽃 묶음을 보며 나는 화를 더 돋우곤 했다. 표현하지 못한 어머니의 사랑이 삐쭉삐쭉 튀어나온 것 같아 마음이 거슬렸던 것이다. 그러나 세월이 지나 사춘기 딸을 마주하니, 그 꽃다발 속에서 애써 감춘 사랑의 모양을 이제야 읽을 수 있었다.

주머니에 페파민트 잎을 채워 딸의 책상 위에 놓아 두었다. 어머니의 풀꽃 묶음이 사랑이었다면, 나는 그 사랑에 향기를 추가했다. 세대의 숨결이 이어지는 작은 의식 같았다.

사랑에도 숨결의 종류가 있다. 가쁘게 몰아쉬는 숨이 아니라, 고른 호흡으로 오래도록 나누어 주는 숨결, 어머니와 나 그리고 내 딸에게 골고루 닿는 이 숨결이야말로 삶의 가장 큰 선물이었다.

하늘이 높아지는 계절이면 생각도 깊어진다. 마당 끝에 이는 바람 한 줄기에도 깨달음이 스민다. 페파민트의 피고 지는 순환 속에서, 이별과 시작은 늘 함께 있다. 잘라내는 손길조차 새로운 탄생의 전주곡이다. 9월의 성숙한 햇살 아래, 나는 손수 만든 주머니에 또 하나의 사랑을 갈무리한다.

오늘도 나는 페파민트를 우린다. 찻물이 짙어질수록 내 마음도 한결 맑아진다. 누군가에게는 그저 시원한 차맛이겠지만, 나에게 페파민트는 오래된 기억과 잊을 수 없는 감정을 불러오는 향이다. 한 모금의 향기 속에 어머니의 손길과 딸의 웃음, 그리고 내 안의 시간이 겹겹이 쌓여 있다. 향은 사라지지만 그 향기가 남긴 사랑은 결코 지워지지 않는다.

노을에 비친 두 얼굴

나는 노을을 좋아한다. 하루의 모든 색을 섞어서 펼쳐놓은 것처럼 오묘한 아름다움으로 경외감마저 든다. 황혼빛의 붉게 물든 노을을 보면 여전히 가슴이 뛰지만 그날 이후 노을 속에는 두 얼굴이 비친다.

어느 해 우리 가족은 제주도 여행을 갔다. 내가 가족과 함께 제주도 여행을 가는 것은 여행을 즐기기보다는 제주도에서 바라보는 노을의 멋을 찾기 위해서였다. 붉게 물든 노을과 그 빛을 머금고 있는 검붉은 바다, 둘의 환상적인 어울림과 마주한다는 건 상상만으로도 전율이 일었다.

목적지에 도착하자 머릿속에는 오로지 노을이었다. 내 주관에 따라 우리는 노을이 잘 보이는 곳에 식사 자리를 잡았다. 잠시 후 넘실대는 바다 위로 노을이 번졌다. 그라데이션이란 바로 이런 것이구나! 단계적으로 색이 번져 붉은색은 자줏빛을 거느렸다. 나는 탄성을 지르며 아들과 딸에게 저 아름다운 장관을 보라고 손을 뻗어 가리켰다. 그러나 내 반응과는 달리 둘은 별 감흥 없이 저 건너 불 보듯이 멍하니 바라만 보았다. 두 눈 속에는 노을빛으로 반짝이건만 뜻밖에도 아들과 딸이 나에게 하는 말이 있었다.

"엄마는 저 붉은 노을을 좋아하지만, 나는 노을이 보기 싫어요."

생각지도 못한 아들의 말에 당황했다. 아들이 갓난아이 때부터 교육사업을 하겠다는 포부를 안고, 시골에 계신 친정 부모님께 자주 맡겼다. 초등학교 들어가기 전까지 그랬다. 아들은 엄마가 오기를 이제나저제나 기다리다가 서쪽 하늘 가로 노을이 들면 서서히 포기를 했다고 한다. 그러면서 또 내일을 기다렸다고 했다.

그때를 더듬어 보니, 얼마 만에 아들을 데리러 가면 얼른 달려와 엄마 품에 안길 법도 한데, 저만치 서서 두 손을 만지작거리며 멀뚱멀뚱 나를 쳐다만 보았다. 날마다 기다리다가 보고 싶은 마음이 원망이 되어 서먹한 거리를 둔 듯했다. 그러다가

다가가 끌어안으면 못 이기는 척 안기며 그제야 마음을 놓던 아이였다. 아들에게 노을은 한마디로 기다림이었다.

아들과 7년 터울 진 딸아이가 옆에서 가만 듣고 있다가 말했다.

"엄마, 나도 참을 만하지만 노을은 별로 좋아하지 않아."

딸아이 역시 돌이 되기 전부터 유아원에 맡기고 직장 생활을 했다. 그 무렵 아들은 초등학교를 다닐 때라 한 손은 놓을 수 있었지만 딸아이는 보육기관에 맡길 수밖에 없었다. 노을이 질 때쯤 직장에서 퇴근하여 딸아이를 데리러 갔다. 다른 아이들은 거의 다 하원을 하고 나와 같은 엄마 처지의 아이들만 유치원에 남아 있었던 터라 귀가가 늦었다. 딸아이 역시 노을이란 기다림의 의미였던 것이었다.

하나의 노을을 두고 이렇게 서로 다르게 말하는 아들과 딸을 보며 안쓰러우면서도 미안한 마음이 들었다. 그때는 미래를 위해 오로지 앞만 보고 달리던 때라 감내해야 될 것들이 많아서, 자식들의 정서적 허기짐을 챙기지 못했다. 기다리다 지쳐 잠들었을 아들을 생각하면 되돌릴 수 없는 지난날이 야속했다. 딸아이는 친구들이 하나둘 엄마 손을 잡고 자리를 떠날 때마다 문 입구에서 나는 작은 소리에도 귀를 세웠을 걸 생각하니 아들 못지않게 애잔했다.

내가 그토록 좋아하던 노을은 아들과 딸한테서 서로 다른 노을로 숨 쉬고 있었다. 나는 나대로 노을이 지면 아이들을 볼 수 있는 시간이 가까워 지기에 노을이 더 붉고 아름답게 감상의 몫을 차지했는지도 모를 일이다.

나는 내 생각만 하고, 내가 좋다고 내 아이들까지 좋아할 줄 알았는데 뜻밖에도 아이들은 그 유년의 기억 때문에 노을을 서로 다르게 보고 있었다. 한 개의 노을로 두 개의 보는 눈이 있음을 비로소 깨닫고 어떤 생각도 아이들에게 권할 수 없다는 것을 알게 되었다. 그날 밤 노을을 먹은 바다는 둔중하게 흘러 내 마음을 세차게 치고 빠져나갔다.

좀 전까지 색을 들이던 노을은 짧지만 강한 여운을 남긴 채, 서서히 사라져 어스름이 내린다. 산등성이 검은 실루엣마저 자취를 감춘다. 아들과 딸아이를 생각하면 노을은 아름답다는 자연현상으로만 볼 수 없는, 내 삶에 깊이 스며들어 있는 애상哀傷이다. 그래서 더 자주 노을을 찾는지도 모른다.

가깝고도 먼 당신

아침 이부자리를 정리하는데 다리를 얹고 자는 긴 베개가 구석에서 나뒹굴고 있다. 딱 봐도 남편이 내동댕이친 거다. 내가 애지중지하는 '죽부인 쿠션'을 천덕꾸러기처럼 괄시하는 사람은 남편이다.

살면서 다리가 천근만근 나잇값을 할 줄 알았다. 하지만 자다가 나도 모르게 남편 배 위에 다리를 올렸다가 숨 끊어지는 소리에 잠 깨는 일이 자주 생겼다. 코끼리 다리 치우라고 뼈 때리는 소리 듣는 것도 한두 번이 아니어서 궁여지책으로 죽부인 쿠션을 마련했다.

긴 베개는 폭신한 쿠션감에 끌어안기도 좋고, 길이가 넉넉하여 다리까지 올리니 나의 숙면을 이끄는 것으로 이보다 좋을 순 없었다. 특히나 남편과 달리 입과 귀가 없는 무생물이라는 점은 마음대로 해도 되는 일방형이라서 안성맞춤이었다.

우리 부부는 30년 넘게 한 침대에서 한 이불을 덮고 잔다. 갱년기가 오고부터 열이 갑자기 훅 오르면 방문을 벌컥 열었다가 금세 춥다고 이불을 덮어쓰곤 하는데 남편의 적응력은 참으로 더뎠다.

지난밤에 이불을 네가 감았네, 내가 감았네 해서 각자 하나씩 덮어 보기도 하는데 자다 보면 이불이 서로 감겨 이것도 저것도 당겨 덮을 수 없는 지경이 되기도 했다.

어느 날은 밀지 마라, 바닥으로 떨어지겠다며 마치 책상에 줄 긋고 선 넘지 말기라도 하는 것처럼, 하룻밤 이수라는 해 뜨면 사라졌다가 밤이 되면 다시 나타나 해작질을 해댔다. 그럴 때마다 "우리도 이제 각방 쓰자. 우리 나이에 누가 한 침대에서 자냐?"라며 똑같은 레퍼토리를 시전했지만 어디까지나 입에 붙은 말이었다.

젊어서부터 남편 코골이는 대단했다. 술이라도 취해 들어오는 날은 천장이 들썩거리게 드르렁거리다가 일순간 호흡이 멈추는데 고개를 살짝 건드리면 풍선에 바람 빠지는 소리를 냈다. 언제부턴가 남편이 내게 코를 심하게 곤다고 했다. 무슨 소리냐며 인정할 수 없다고 했더니, 여태껏 자기 코 고는 소리 듣고 살았으니 이제부터 마누라 코 고는 소리를 음악처럼 들어주겠다며 베푸는 소리를 했다. 내가 코를 골다니 했지만 코 골다가 제 풀에 놀라서 깬 적이 있던 후로 남편과 똑같은 코골이를 한다는 걸 알았다. 이제는 서로가 코를 골아대니 누구 탓을 할 필요는 없어졌다.

죽부인 쿠션은 밤이 되면 나와 불가분의 관계가 되어 이쪽 저쪽 자세를 바꿀 때마다 한몸처럼 움직였다. 자다가 바닥에 떨어져 있으면 잠결에라도 끌어올려 안고 잤다. 침대 난간 쪽으로 해서 모로 누우면 끼고 자도 문제가 없는데 남편 쪽으로 같이 몸을 돌리면 죽부인이 가운데로 와서 마치 세 사람이 자는 것처럼 보였다.

가깝고도 먼 당신이 되었지만 코끼리 다리를 남편에게 올리지 않는 게 어딘데 싶어서 남편은 별 불만이 없을 줄 알았다. 그런데 서서히 침대가 비좁다며 저것 좀 치우라는 소리를 자주 했다. 하루는 자다가 한숨 쉬는 소리가 들렸다. 아침에 일어나자마자 죽부인 쿠션을 고꾸라뜨리며 투정 섞인 말을 했다.

"어디서 얄궂은 기둥서방을 데리고 와서는…."

죽부인 쿠션이 기둥서방이 될 줄은 몰랐다. 구석에서 "나 여기 있소!" 하는 자세가 정말 기둥처럼 보이는 것 또한 가관이었다. 처용가에 나오는 역신도 아니고, 나는 더군다나 부정한 여인네도 아닌데 애먼 죽부인 쿠션은 기둥서방이 되어 남편에게 경쟁과 질투의 대상이 된 것이다.

밤이면 본서방보다 기둥서방이 더 좋으니 나이 탓을 할까, 아니면 코끼리 다리 탓을 할까? 남편에게서 역신을 쫓아내는 처용의 얼굴이 보이는 듯하다.

나이가 들수록 본서방은 멀어지고, 기둥서방이 필요하니 이를 어쩌겠는가.

곶감과 어머니

 마당 끝에 서 있는 대봉감나무는 우리 집의 가장 오래된 식구이다. 줄곧 그 자리를 지켜왔으니, 우리집의 배경 같은 존재다.
 해마다 봄이면 연둣빛 새잎을 피워 산뜻한 바람에 흔들리고, 한여름엔 울창한 잎사귀로 그늘을 드리워 숨숨집이 되어 준다. 가을이면 어김없이 주홍빛 감을 주렁주렁 달아 마당을 환히 밝힌다. 겨울이 되면 모든 것을 내려놓은 채 앙상한 몸으로 서 있으면서 다음 해를 위해 묵묵히 힘을 모으는 나무, 그 모습이 인생 같아 바라볼 때마다 숙연해진다.
 올해는 감이 유난히 많이 열렸다. 지난해 해거리를 했던 탓인지, 가지마다 탐스러운 열매가 주렁주렁 매달렸다. 햇살을 받아 붉게 물들어 가는 모습을 보고 있노라면 절로 마음이 환해졌다. 서리가 내리기 전에 거두어야 한다는 것을 알면서도, 나는 일부러 늦췄다. 가지 끝에서 바람에 흔들리는 붉은 감들이 계절의 노래처럼 아름다웠기 때문이다. 그러나 상강을 넘기자 이웃들이 성화였다.

"냉해 입기 전에 어서 따야지, 안 그러면 다 버리게 돼요."

재촉하는 소리에 결국 나도 마음을 접었다.

가지에서 따낸 감은 크기별로 나눴다. 큼지막한 것은 따로 두어 홍시로 무르게 하고, 작은 것들은 껍질을 얇게 벗겨 곶감으로 만들 준비를 했다. 줄에 꿰어 처마 밑에 매달린 감들은 바람과 햇볕을 친구 삼아 서서히 변화를 시작했다.

처음에는 살이 촉촉했으나 날이 갈수록 수분이 빠져 꾸덕꾸덕해졌다. 불그스름하던 빛깔은 차츰 어두워지고, 껍질은 주름을 깊게 새겼다. 겉모습만 본다면 시든 듯 줄어들어 보이지만, 그 속에서는 놀랍게도 단맛이 농축되고 있었다.

곶감을 보다가 문득 어머니가 떠올랐다. 젊은 시절의 어머니는 누구보다 강단 있고 부지런한 분이었다. 종손도 아니면서 어른을 모시고 살면서 고된 시집살이며, 집안의 대소사를 도맡아 해내셨다. 목소리에는 힘이 있었고, 걸음걸이는 활기가 넘쳤다. 늘 바쁘고 강인한 모습이었다.

하지만 지금의 어머니는 세월의 무게가 어깨에 내려앉고 걸음은 느려졌다. 목소리는 바람 빠진 풍선처럼 힘이 없다. 손등에는 검버섯이 퍼졌고, 얼굴에는 세월이 파놓은 깊은 주름이 골을 이뤘다. 한때 호탕하게 웃던 모습은 줄어들고, 조용히 미소만 짓는 시간이 많아졌다. 그 변화를 바라볼 때면 마음 한편이 시리다.

곶감이 외양은 쭈글쭈글해도 속살은 꿀처럼 달듯, 어머니 또한 그렇다. 삶의 풍파 속에서 묵묵히 쌓아온 지혜는 더욱 깊고 강하다. 힘들 때 내어주신 따뜻한 밥상, 불필요한 말 대신 전해주신 침묵의 위로, 자식들 하나하나를 품어내던 넉넉한 마음, 그것들은 오히려 세월이 농축해 낸 단맛과도 같은 것이었다.

곶감은 추운 겨울을 통과하며 맛이 완성된다. 얼고 녹기를 거듭한 끝에야 제맛을 내고, 표면에는 하얀 분이 피어난다. 처음 곶감을 만들던 해, 나는 그 하얀 가루를 곰팡이인 줄 알고 모두 버린 적이 있다. 그러나 그것이야말로 당분이 겉으로 배어 나온 곶감의 꽃임을 알게 된 뒤로는 그 흰 분이 생기기를 기다리게 되었다. 어머니의 세월도 하얗게 서리처럼 머리 위로 내려앉았다.

곶감을 바라보며 삶을 배운다. 풋감은 떫어 바로 먹을 수 없다. 시간이 지나야 홍시가 되고, 다시 매달려 곶감이 된다. 과정은 길고 때로는 고단하다. 하지만 그 시간을 견뎌낸 뒤 비로소 고유의 가치를 지닌다.

곶감을 한입 베어 물면, 달콤함이 혀끝에 감기며 오래도록 여운을 남긴다. 그것은 단순한 맛이 아니다. 바람과 햇볕, 추위와 기다림이 합쳐 빚어낸 결과다. 어머니의 삶 또한 그러하다. 화려하지는 않지만, 오랜 세월의 묵묵한 인내와 사랑이 응축되어 우리에게 전해지는 모습이다.

곶감과 어머니, 두 존재는 내게 같은 진리를 일깨운다. 시간의 흐름이 외형을 바꾸지만, 그 끝에 남는 것은 오히려 더 깊고 단단하다. 처마 밑에 매달린 곶감이 흔들리며 내게 속삭이는 듯하다.

"기다림 끝에 진정한 맛이 온다." 이는 곧 어머니의 목소리이기도 하다.

생일의 의미

남편의 생일이다. 우리집에서 가장 큰 연중 행사다. 탄생의 기쁨이 우선이겠지만 남편으로서 아버지로서 존중의 의미가 크다.

생일 상차림에 정성을 다한다. 새벽부터 지지고 볶고 수선을 떨며 복을 부른다는 음식들로 차렸다. 미역국은 출산의 고마움을 되새기고 장수와 건강을 상징한다. 조갯살을 넣고 끓인 미역국을 좋아해서 인복 있으라는 염원을 담아 푸짐하게 끓였다.

찰밥은 식복으로 성공을 부른다. 올해는 오곡밥 대신 찰밥을 시루에 쪄냈다. 잡채는 여러 재료가 어우러져 화합과 풍성함을 의미하며 다양한 재료처럼 여러 복이 모이길 바라는 뜻이 담겨 있어 빠지지 않는다. 전은 부추전과 애호박전 동태전을 부쳤다. 둥근 모양은 태양과 조화를 상징하며 가정의 평화와 복된 날을 의미하기에 모양 내기에 집중했다.

백설기 떡은 복이 쌓인다는 의미가 있어 전날 떡집에 주문했더니 새벽같이 배달 되었다. 과일은 달고 풍성한 삶을 누리라는 뜻에서 제철에 나는 신선한 것들로 골랐다. 약밥은 예로부터 귀하게 여겼으므로 그 마음을 담아 공들여서 만들었다.

고기류는 붉은색은 재앙을 막고 복을 부른다기에 고추장 불고기를 준비했다. 많은 사람들에게 귀한 존재로 존중 받는 의미가 담긴 조기 두 마리도 구웠다. 오복의 뜻을 담아 오색을 갖춘 나물 다섯 가지도 준비했다. 후식으로 먹을 수정과는 이틀 전에 만들어 놓았다.

이 음식들은 단순히 맛을 위한 것이 아니라 복을 기원하고 사랑을 전하는 마음이 담긴 상징적 요소가 많다. 생일상은 그 사람의 삶을 축복하고 응원하는 자리인 만큼 이런 음식들로 정성껏 차리는 것이 의미 있다.

남편은 흡족해하며 생일상 앞에 앉는다. 남편이 어렸을 적에 집이 가난하여 먹고 살기 바빠 생일상을 받아 본적이 없다. 그 말을 듣고부터 보상의 의미를 보태 더 정성을 쏟아 생일상을 준비했다. 얼굴에 미소가 만연한 남편을 보니 내 마음이 뿌듯하다. 생일상은 남편뿐만 아니라 아들과 딸도 마찬가지로 준비한다.

생일 아침이 되면 엄마는 음식을 정성스럽게 만들고 독상을 차려 할머니가 기거하시는 방 최고 좋은 위치에다 놓고 나를 앉혔다. 그러는 사이 할머니는 소반에 음식을 담아 아기를 점지하고 산모와 산아를 돌보는 삼신에게 기도를 올렸다. 엄마가 나를 위해 음식을 준비하고, 할머니가 감사의 기도를 올리는 걸 보면서 너는 소중한 사람이라는 무언의 사랑이 가슴에 깊이 와닿았다. 이날 만큼은 내가 첫숟가락을 떠야만 온 식구가 수저를 들었다. 나는 세상의 중심에 놓인 것 같아 좋은 기운이 나를 에워싸는 것 같았다. 세상에 꼭 필요한 존재가 나라는 인식은 가치관 형성에도 긍정의 힘으로 작용했다. 존재의 인식과 더불어 고마움과 기쁨이 동시에 따라 붙었다. 해마다 같은 날이 돌아왔지만 그때마다 마음은 조금씩 다르고 새로운 다짐들로 한 뼘씩 성장하는 나를 느꼈다.

어느 날인가, 남편이 나에게 그 자존감은 어디서 오는 거냐고 물었다. 내 속에 내재되어 있는 성질이라 자존감이 특별하다고 생각해 본 적 없는 나로서는 의아했다. 나도 모르게 "엄마의 생일상"이라고 말했다. 툭 튀어 나온 말이지만 그게 정답과 같은 말이다.

나의 정체성과 자존감 그리고 가치관 형성이 엄마가 해마다 독상으로 차려주시는 생일상에서 비롯되었다고 해도 과언이 아니니까.

결혼을 하고서도 생일은 추억의 시간이 나에게 보내는 쪽지와도 같았다. 너는 귀함을 받았고, 사랑으로 성장했으며, 살아갈 자격이 있는 존재라고 해마다 되새김질을 받으며 살아왔다. 그러니 위기가 닥쳐도 사랑과 믿음으로 중심을 잡고 자존감의 품위를 지키며 당당하게 삶을 꾸려나가고 있다.

남편이 미역국 한 숟가락 뜨고, 식구들이 수저를 든다.

"내가 살아온 날들이 헛되지 않았구나! 앞으로 더 책임감 있게 살아야겠다."

남편은 나의 정성에 대한 덕담을 보낸다. 나 또한 존중과 사랑에 심취하는 날이 되라고 웃음 섞어 축복의 말을 전한다.

양파 까는 남자

남편이 부엌 개수대 앞에서 양파 껍질을 까고 있다. 말없이 순한 양처럼 서서 내 일이었던 것을 처리 중에 있다. 양파 장아찌를 담아서 저장해 두고 오래 먹을 생각에 아침나절에 한 망을 풀어 물에 불려 놓았었다. 쳐다보면서 이걸 언제 다 정리하나 하고 있는데 남편이 내 한숨을 덥석 문 것이다.

노련한 강태공일수록 시울질을 잘한다고 하더니 늙어가면서 꾀만 는다. 떡밥 없이 문 것을 언제 놓아버릴지 모를 일이다. 이럴 때는 자리를 피하고 보는 게 상책이다. 덕분에 다른 일을 좀 봐야겠다는 말을 남편 등 뒤로 흘리고서는 건조대에서 걷어온 빨래를 개킨다.

그러면서도 남자가 부엌에 서있으니 마음 모퉁이를 쉽게 돌지 못한다. 하던 일을 멈추고 남편 옆으로 다시 가서는 힘들면 내가 해도 된다고 키 큰 남편을 올려다 본다. 연신 눈을 비벼가며 양파에 집중하고 있다. 남편이 양파 껍질을 까다니 예전 같았으면 상상도 못할 일이다.

　발을 동동거리며 바삐 살 때도 부엌은 금남구역이었다. 가부장적 가치관을 앞세워 남편이 부엌에 그림자를 드리운다는 것은 체면 구기는 모양새로 치부했다. 남자가 부엌에 들어가면 고추 떨어진다는 소리를 듣고 자란 나 또한 그러한 고루함에 순응하고 살았다. 사고思考의 궁합으로 자연스럽게 부엌은 금남구역이 된 것이었다.

　세월 가니 자연스럽게 구역의 경계가 허물어지기 시작했다. 오랫동안 굳은 습성으로 처음에는 불편한 모습으로 비쳤지만, 시간이 흐를수록 남자가 있는 부엌 풍경은 그런대로 괜찮았다. 남편은 목소리마저 작고 부드러워졌다. 아이들이 성장하여 각자 독립하고, 오붓하게 둘만 남게 되자 지난 날, 일에만 동동거리고 집안 일을 도와주지 못한 것이 미안하다고 했다. 식구들과 함께 하지 못한 시간들이 후회로 남는다고도 했다. 그래서 그런지 내가 힘겨워하는 일을 부탁하면 두말없이 나선다.

　세월 가면 다 괜찮아지고 알게 될 것들인데 그때는 왜 그렇게 원망하며 불평불만으로 마음을 고단하게 부렸는지, 두 번 사는 인생이라면 앞선 경험으로 성인군자처럼 살 것 같은데 한 번 살다 보니 어리석은 인생이다.

소리도 없이, 불평도 없이, 마치 의식처럼 반복되는 그 손길에서 다정함이 묻어 있다. 오늘은 묵묵하게 양파 까는 모습에서 안쓰러움이 비친다. 여전히 내 눈은 남편 등 뒤에 머물고 있다. 윤기 나는 양파가 대야에 수북이 쌓여 간다. 껍질을 한 겹 한 겹 까면서 무언가가 드러나서 울기라도 했을까?

사실 남편은 파 냄새를 싫어해서 한겨울에도 베란다에서 파를 다듬어야 했었다. 그랬던 사람이 파의 사촌 쯤 되는 양파 더미 앞에서 장시간 동안 묵언수행자가 되다니 세월이 만들어낸 이미지가 참 대단하다. 삶도 사람도 결국 그렇게 벗겨져야 진짜가 된다. 젊은 날에 부렸던 감정의 층을 하나하나 벗겨내어 이제는 진심의 속살을 보게 된다. 무언의 손길에 담긴 애정, 그리고 침묵 속에 피어나는 온기로 나의 마음도 말랑해진다.

양파 껍질을 까는 남편의 등을 보며 다정함이란 거창한 말이나 멋진 이벤트가 아니라 누군가의 눈물을 대신 흘려주고 삶의 껍질을 함께 벗겨주는 것이라는 걸, 함께 삶의 껍질을 벗겨내며 그 안에 숨어있는 단맛과 눈물을 함께 나눈다는 것을 알게 된다.

제4장

틈새의 무늬

수련화 / 30×45 / 혼합재료 / 2025

최근의 경험 속에서 마주한 나와 세상의 얼굴

삶은 언제나 큰 줄기로만 흘러가지 않는다. 눈앞을 스치듯 지나간 풍경, 무심코 건넨 말 한마디, 마음에 고요히 내려앉은 감정 하나가 어느 날, 불쑥 기억을 흔든다.
이 장에 담긴 이야기들은 그 어떤 주제도 되지 못한 채 지나쳤던 일들, 어쩌면 사소하다고 여겼던 만남과 표정들이다. 그러나 그 틈새야말로, 마음이 숨 쉬는 틈이고, 기억이 피어나는 틈이었다. 눈에 잘 띄지 않지만 분명히 존재하는 감정의 실금, 나는 그 무늬를 조용히 들여다본다.

간격의 지혜

봄이 오면 마음이 먼저 눈을 뜬다. 겨울의 긴 잠에서 깨어나듯, 내 안의 무언가가 기지개를 켜고 바람을 탄다. 그 바람을 따라 식물원으로 향한다. 진열대에 놓인 수많은 꽃모종 앞에 서면, 마치 새로운 계절을 맞이하는 환영식을 치르는 듯한 설렘이 인다. 아직 피지 않은 봉오리 속에는 희망이 숨어 있고, 연약한 줄기에도 생명의 의지가 고스란히 담겨 있다.

나는 꽃 애호가다. 꽃은 내게 살아 있음의 감각을 되살려주는 존재다. 그 조그만 화분 속에 담긴 새싹 하나하나를 바라볼 때마다 삶의 시작을 목격하는 듯한 경외심에 젖는다. 계절마다 피고 지는 자연의 순리를 받아들이며, 꽃과 함께 마음을 심고,

가꾸고, 기다린다.

그런 내 모습을 가장 잘 아는 사람은 단연 동네 꽃집 아저씨다. 봄만 되면 나는 거의 단골 이상의 단골이 되어 자주 들르는데, 어느 해는 아저씨가 꽃모종을 계산하며 슬며시 웃었다.

"이제 그만 좀 사요. 이 정도면 정원이 아니라 정글 되겠어요."

그러면서도 또 다른 한 손에는 잘 자란 꽃모종을 건네주며 덧붙였다.

"꽃도 숨좀 쉬어야죠. 자랄 걸 생각해서 간격도 좀 두고 심어요. 너무 빽빽하면 햇볕도 못 봐요."

그 말을 들으며 멋쩍게 웃었지만, 집에 돌아와 화단에 꽃을 옮겨 심으며 자꾸 그 말이 떠올랐다. 조금 더 넓고 여유롭게 심자고 마음을 먹지만 막상 모종을 흙 위에 올리다 보면, 이 자리에 이것도 어울릴 것 같고, 저 틈에 저것도 심고 싶어 마음이 흔들린다. 어느새 또 화단은 빽빽해진다.

그러다 여름이 되면 꽃집 아저씨의 말이 딱 들어맞는다. 처음에는 조심스럽게 서로를 피해 자라던 꽃들이 어느새 서로의 영역을 침범하며 숨이 막힐 듯 얽힌다. 잎이 겹쳐지고 줄기가 서로 기대며 버티는 모습에서, 마치 삶의 치열함을 엿보게 된다. 이럴 때면 꽃들도 서로 간격이 필요하다는 걸 절실히 깨닫는다.

　사람 사이의 관계도 꽃과 다르지 않다. 사랑하는 마음이 크다고 해서 곁을 끝없이 좁히는 것이 좋은 일은 아니다. 너무 가까이 다가서면 오히려 상대가 숨을 쉴 수 없게 되고, 자기 빛을 잃기도 한다. 반대로 거리가 너무 멀면 그 온기를 나누지 못한다. 결국 적당한 간격을 유지해야 서로의 존재가 가장 또렷하게 빛난다.

　나 역시 살아오며 이런 깨달음을 종종 얻었다. 부모와 자식 사이도, 부부 사이도, 친구 사이도 마찬가지였다. 때로는 걱정이 앞서서 다가가 보듬고 싶었지만, 오히려 그 다가섬이 상대를 힘들게 한 적도 있었다. 거리를 두고 지켜볼 때 비로소 상대가 스스로 자라나는 힘을 발휘한다는 것을 뒤늦게 알았다. 꽃이 저마다의 뿌리로 땅을 딛듯, 사람도 자기만의 호흡으로 세상을 살아가야 한다.

　적당한 거리는 무심함이 아니라 배려에서 비롯된다. 한 걸음 물러서야 상대가 더 온전히 보인다. 공간을 비워 두어야 햇살이 스며들 듯, 거리를 허락해야 서로의 숨결이 잔잔히 이어진다. 꽃 사이의 간격이 정원을 더 아름답게 하듯, 사람 사이의 간격은 관계를 더 단단하고 깊게 만든다.

　정원은 꽃을 키우는 곳이지만, 동시에 나를 키우는 곳이기도 하다. 꽃을 심으며 나는 마음의 질서를 배운다. 여백을 두는 용기, 간격을 허락하는 지혜를 배운다. 그래서 봄마다 다시 식물원으로 향한다. 모종을 들고 돌아오는 길, 나는 꽃과 더불어 또 한 해를 살아낼 마음의 준비를 한다.

흉터보다 모성

 어느 날부턴가, 길고양이들이 우리집에 드나들기 시작했다. 두 마리가 데크 위에서 유유자적 걸어 다니거나, 늘어지게 하품을 하며 자리를 깔고 누웠거나 했다. 그러다가 돌변하여 서로 두 앞발로 치고받고 하다가 앙칼지게 소리를 질러 쫓고 쫓기며 자기들 세상처럼 놀았다.
 내 터에서 제멋대로인 이 객들이 싫었다. 동네 여기저기를 돌아다니며 아무거나 먹고는 정원 잔디 위에다 똥을 싸놓는데, 냄새가 어찌나 독한지 기분이 저절로 상했다. 텃밭에는 흙으로 교묘하게 덮어 놓았지만 스물거리는 냄새는 약오르기에 충분했다. 그러잖아도 가뜩이나 고양이가 싫은데 말이다.

어릴 때 우리집에 드나들던 까만 고양이가 있었다. 동물이었지만 자주 보다 보니 사람처럼 정이 들었다. 하루는 잔망스럽게 놀던 고양이가 이웃집 페인트 통에 빠졌다. 화학 독으로 털이 모두 빠지고 붉은 살결이 드러나 진물이 흘렀다. 그 모습이 안쓰러워서 약을 발라주고 하다가 그만 피부병이 전염되고 말았다. 나한테 번진 피부병은 동생에게도 전염되었다. 병원에서 약 처방을 받아도 나을 기미가 보이질 않았고, 하룻밤 자고 나면 '돈버짐'이라는 동전 크기의 동그란 버짐이 또 생겼다. 온 식구가 피부병에 전염될 위기에 놓였다. 결국 위험을 무릅쓰고 민간요법으로 식초 원액을 발라 살을 태워 번짐을 막았다.

고양이에게 정을 붙인 대가는 처참했다. 목 선線이 아름다워야 할 곳에 평생 지울 수 없는 흉터가 남았다. 몸에다 숨기고 싶은 결점을 만들었으니 고양이에 대한 원망이 내내 따라붙는 건 당연한 것이었다.

세월이 흘러도 내 눈에 고양이가 좋게 보일 리가 있겠는가? 그저 멀리하고자 하는 대상물인데 자기들 집인 양 똥을 싸고, 텃밭에 남새들을 작살내니 용납할 수 없는 상황에 이르렀다.

이 불청객들을 쫓아내기로 마음먹었다. 고양이 퇴치법을 찾아 인터넷에 떠도는 정보를 모았다. 처음에 고양이 기피제로 통하는 커피 가루와 계핏가루를 뿌려 보았지만 기대와는 달랐다. 그다음, 식초를 물에 희석한 후 분무질하여 다니는 길에다 도포 하듯 했지만 유유히 지나다녀 이마저 실패였다. 마지막으로 좀 강하게 동물 퇴치제를 사용해 보기로 하고 여기저기 뿌려놓았다. 뒷날 애먼 새 한 마리가 죽어 있었다. 결국은 새만 잡은 꼴이라 인터넷에서 부유하는 정보는 효험이 없었다.

고양이들은 오히려 새침한 눈을 가늘게 뜨고, 입을 길쭉하게 벌리고는 저만치서 나를 노려보는 일이 더 많아졌다. 그럴 때마다 바닥을 발로 힘껏 굴려 으름장을 놓았지만 딴척을 부려 괘씸하기 짝이 없었다. 고양이만 보면 씩씩거리고 불필요한 감정 소비가 생겼다.

가을 문턱을 넘을 즈음, 고양이 두 마리가 연인에서 부부가 되었는지 계단 아래 공간에다 새끼 네 마리를 낳았다. 연한 살결에 꼬물거리는 새끼들을 보고는 생명에 대한 소중함이 일었다. 그동안 고양이에 대한 좋지 못한 감정이 어디로 갔는지 나도 모르게 모정이 피었다. 어미 고양이는 먹이를 찾아 자리를 비우는 건지, 주로 새끼들만 있어 우유를 사 와서 그릇에 부어 주었다. 젖을 먹이는 어미 고양이를 생각해서라도 이대로 있어서는 안 되겠다 싶었다.

고민 끝에 그럴싸한 고양이 집을 장만하고 밥그릇과 사료를 샀다. 한번 맛보면 환장한다는 짜 먹는 간식도 샀다. 앞일 걱정을 덜기 위해 모래를 담은 배변통도 설치했다. 집 안에 포근한 이불을 깔아 그야말로 안락한 환경을 만들어 주었다.

어미가 그 집으로 새끼들을 데리고 들어가 살기를 바랐다. 밥그릇에 사료를 담아 일부러 집의 제일 깊숙한 곳에 놓아두었지만 좀처럼 지낸 흔적이 없었다. 빈 그릇이 입구에 나와 있는 걸 보면 발로 끌어내어 먹기만 하고 머문 것 같지는 않았다. 고양이는 환경변화에 스트레스를 많이 받는다는 것을 나중에서야 알게 되었다.

날씨는 차가워지는데 정붙이기를 시작하니 잔잔한 걱정들이 따라다녔다. 내 정성과 달리 사람과의 경계심은 여전했다. 간식으로 유인하면 입을 내밀고 앞발 하나로 걸음을 떼다 말고 내려놓았다. 바닥에 간식을 놓고 물러나서 보면 슬며시 와서는 번개같이 먹고 사라졌다.

그렇게 며칠이 지난 후, 대문을 여는데 데크로 이어지는 계단에서 어미 고양이가 쥐 한 마리를 물고 당당하게 서있었다. 깜짝 놀라 뒷걸음질 치며 징그럽게 왜 저렇게 서있나 하고 쫓으려다가 문득 반려묘를 둔 친구의 말이 떠올랐다. 저런 행동은 주인에게 성의 표시를 한 선물 개념이라고 했다. 그동안 제 식구들한테 정성을 쏟았던 나에게 고맙다는 표시로 쥐를 잡아서 보여준 건가 싶어 대견스럽고 기특했다.

사람 마음이 이렇게 일순간 변한다는 것이 참 신기했다. 평생 지울 수 없는 흉터보다 며칠의 모성이 더 우위인 걸 어쩌겠는가. 모성은 어떤 것과도 견줄 수 없다.

마음 사이, 그 틈

 그 친구와의 마지막 통화는 웃음으로 끝나지 않았다. 몇 마디 장난스러운 말, 그 안에 담긴 농담인지 조롱인지 모를 말투가 나도 모르게 마음을 움켜쥐었다. 친한 사이일수록 오해는 깊게 파인다. 내심 섭섭한 마음이 있었던 걸까. 아니면 그날따라 내가 예민했던 걸까. 돌이켜보면 분명 웃어넘길 수도 있었던 일이었다. 그러나 그날의 나는 웃지 못했다. 아니, 웃고 싶지 않았다.
 친구는 장난치는 말이었겠지만, 여태껏 애써 눌러온 감정의 실마리처럼 느꼈다. '혹시 나만 믿었던 건 아닐까?' 그런 생각들이 하나둘 마음속에 들이차면서, 차마 그 친구를 다시 마주할 수 없었다. 전화를 받아도 짧게 응대했고, 문자엔 건조한 답만 보냈다. 결국 친구도 더 이상 연락하지 않았다.

세월이 흐르고, 인생이 이리저리 방향을 틀 때마다 그 친구가 떠올랐다. 힘들었던 시절, 곁에 있어주던 다정한 기척들이 만지작거리다 만 퍼즐 조각처럼 나뒹굴었다. 한때는 하루에도 몇 번씩 안부를 주고받고, 밤이 깊도록 통화를 이어가며 삶을 함께 나눴던 사람이었다. 그런 사이였는데, 한순간의 오해가 틈을 만들고, 그 틈은 점점 깊어져 골이 되었다. 틈을 방치한 건 나였다. 손을 내밀지 못한 것도, 먼저 다가가지 못한 것도 내 탓이었다.

나이가 들수록 인연이 소중하게 다가왔다. 사는 게 바쁘다, 일이 많다 핑계를 대며 무심히 흘려보낸 사람들, 때를 놓쳐 말을 잃어버린 사이들, 그런 가운데 가장 아프게 남은 이름이 그 친구였다. 오래도록 마음을 나누었던 유일한 친구, 그 이름만 떠올려도 가슴 한쪽이 저릿해졌다.

그러던 어느 날, 평소 잘 가지 않던 동네 마트에서 장을 보다가 채소 코너 앞에서 누군가와 부딪혔다. 돌아선 얼굴을 보자 놀라움과 어색함이 동시에 일었다. 순간, 시간이 멈춘 듯했다. 잠시 무거운 침묵이 흘렀지만 우리는 동시에 입꼬리를 올렸다. 멋쩍은 웃음이 어색함을 가르고 나왔다. 말보다 눈빛이 먼저 안부를 묻고 있었다. 그토록 먼 길을 돌아와 마주한 순간이었다.

잠시 서서 이런저런 근황을 나누는 동안, 그 친구는 조심스럽게 말을 꺼냈다.

"사실, 그날 이후로… 많이 미안했어. 친구 하나를 잃은 것 같아서… 후회도 많이 했고."

그 순간 눈물이 핑 돌았다. 그동안 혼자만 아프다고 여겼던 내 좁은 마음이 부끄러워졌다. 그 친구도 나만큼 상처받고 미안해 하며 지내왔다는 걸 왜 몰랐을까.

우리는 오래된 앙금이 녹듯 마트 앞 벤치에 앉아 한참을 이야기했다. 쌓인 시간은 많았지만 한마디 진심이 그 시간을 뛰어넘었다. 서로를 잃었다고 생각했던 그 허망한 시간들을 하나씩 걷어내듯, 조심스럽게 말이 오갔다. 마음속 틈은 그렇게 조금씩 메워지기 시작했다.

사람 사이의 틈은 생각보다 연약한 곳에서 시작된다. 때론 말 한마디, 무심한 태도, 혹은 오해 하나가 틈을 만든다. 그 틈을 방치하면 마음이 멀어지고, 결국 서로 다른 언덕 너머로 서게 된다. 하지만 그 틈을 메우는 건 그리 거창한 일이 아니다. 사과 한마디, 안부 한 줄, 우연한 재회 앞에서 웃어주는 용기 하나면 충분하다.

지금도 그 친구와는 예전처럼 자주 보지는 못한다. 가끔 메시지를 전하고, 서로의 생일을 챙긴다. 틈을 지나온 관계라 상처를 알고, 그 아픔을 감싸안았기에 더 조심스럽고 따뜻하다.

인연이란 단단하게 잡고 있어야 비로소 무너지지 않는다. 때로는 용기를 내어 먼저 손을 내미는 사람이 되어야 한다는 것을 이제는 안다. 틈은 두 사람 사이에 생기지만, 메우는 건 한 사람의 따뜻한 결심에서 시작된다.

노점상 할머니

고층 아파트 길 건너 쪽에 할머니의 노점이 있다. 할머니의 허리 굽는 각도가 변화되고 있다는 것을 눈이 알아차린다. 처음 봤을 때와는 달리 이제는 90도로 향하고 있다.

그 할머니가 며칠째 보이지를 않는다. 할머니의 두 평이 될까 말까 한 노점은 방수포로 덮여진 채 동아줄로 친친 감겨 있다. 아무리 추워도 웅크리고 앉아있는데 걱정이 고개를 내민다.

공단지역 사택으로 쓰이던 5층 아파트 밀집 지역에 부분적으로 재개발이 되어 고층 단지가 생겼다. 길 하나 사이로 낡음과 새것, 저층과 고층으로 나뉘게 되었다. 할머니는 낡은 아파트 측면 담을 벽 삼아 노점을 펴놓았다. 그 아파트에서 자식 내

외가 살고 있다. 주로 꽃나무를 팔며 자잘한 화분들도 내놓았다. 움막처럼 좁은 자리에서 앉을 곳이란 식물 틈이었고, 천장이 낮아 일어서도 허리를 굽힐 수밖에 없는 구조였다.

할머니와의 인연은 새 아파트로 입주하면서였다. 새 집 새 기분으로 베란다를 싱그럽게 꾸미고 싶었다. 오며 가며 지나치다가 예쁜 꽃이 있으면 샀다. 대단지 입주가 시작되고부터 할머니의 대형 화분 식물도 늘어났다. 식물원에 가서 입맛대로 골라 살까 하다가 굽은 할머니의 등이 마음을 붙잡았다. 대형 화분 앞에 서긴 했는데 배달이 문제였다. 연로하신 할머니에게 배달을 요구하는 건 무리인 것 같아 망설이고 있는데 할머니는 리어카가 있으니 실어다 주면 된다고 했다.

내가 끌고 할머니가 밀고 해서 현관 앞에다 화분을 풀었다. 베란다로 옮기는 것은 온전하게 내가 할 일이라 잠시 차라도 한잔하고 가시라고 신발을 벗게 했다. 할머니는 집안을 두리번거리며 좋다를 연발하시면서 거실 창가 쪽으로 갔다. 내가 자주 서서 내려다보는 그 자리에 서서 노점상이 있는 오래된 아파트 단지를 내려다보았다.

"우리 아들은 언제 이런 좋은 집에서 살 수 있을까? 이런 데 못 사는 게 내 탓만 같으니…."

당신 몸 고단한 줄 모르고 아들네를 생각하는 할머니의 뒷모습을 바라보며 말할 수 없는 애석함이 일었다.

그 해 여름이었다. 아스팔트 열기를 고스란히 덮어쓰며 노점 일을 하고 있을 할머니가 생각나서 내 커피를 사면서 시원한 과일주스를 한잔 사드렸다. 잠시 후 길을 건너려 신호를 기다리며 할머니 가게로 눈을 돌렸다. 그런데 과일주스를 젊은 며느리가 빨대로 빨아 먹고 있었다. 평소에는 잘 나타나지도 않더니 세상에, 어쩜 저럴 수 있을까. 할머니가 야속했다. 당신 드시라고 사드렸는데 젊은 며느리 입으로 갈 줄 상상이나 했겠는가. 이 무더위에 할머니를 제친 눈치 없는 며느리가 원망스럽기까지 했다.

생각을 달리하면 이해 못할 것도 없는 게 또 사람의 일 아니겠는가. 언짢은 마음 한구석을 할머니 입장에서 생각해 보았다. 넉넉잖은 살림에 아들네 식구들을 볼 때마다 가난이 자기 탓만 같고, 한 푼이라도 벌어서 보태주고 싶지만 여력은 달리고 사력을 다해 삶을 꾸려나간다는 것을 미루어 짐작이 갔다. 주스 한 잔이라도 며느리에게 먹여야 마음이 편하실까 싶으니 마음이 착잡했다.

그 후로도 춥거나 더울 때 과일주스든 대추차든 사다 드렸다. 며느리 입으로 들어갈지언정 할머니 마음이 조금이라도 편안했으면 좋겠다는 마음이었다.

최근에는 다리까지 절뚝거리며 노점 일을 하시던데 안 보이니 몸져누운 건 아닌지 걱정이 된다. 리어카로 대형 화분을 싣고 오던 그날, 꼽사리 끼워 준 꽃기린이 오늘따라 기운 없어 보인다.

어미 개의 모정

 여행에서 돌아와 집으로 들어서는데 어디선가 강아지 소리가 들렸다. 강아지를 키우지 않는데 낑낑대는 소리에 주위를 살폈더니 진원지가 텃밭이었다.
 발길을 돌려서 간 텃밭 입구가 심상찮았다. 며칠만 있으면 먹기 좋을 크기겠다 싶어서 아껴 두었던 가을 상추가 짓이겨져 있었다. 그뿐만 아니라 보기 좋게 싹이 올라온 마늘밭은 촉들이 부러져 바르게 자랄 희망이 사방으로 꺾어져 있었다. 그 옆으로 밭고랑은 반들반들 윤기가 날 정도로 다져져 있었고, 복슬강아지 몇 마리가 몸을 오쫄오쫄하며 까만 눈동자가 박힌 인형들처럼 나를 쳐다보고 있었다. 검은색, 갈색, 혼합색, 털색도 다양해서 부계와 모계의 조합이 짐작되었다.

　도대체 이 강아지들이 어디서 왔단 말인가? 말문이 막혀 내려다보고 있는데 산밭으로 가던 이웃집 아저씨가 며칠 전에는 산 아래 대나무밭에서 소리가 났는데 이삼일 전부터 우리집 창고 아래서 무리 지어 있는 걸 봤다고 했다. 집주인이 없는 사이 양지바른 곳에다 어미가 데려다 놓은 것 같다고 덧붙였다. 말을 나누고 있던 중에 창고 밑에서 소리가 또 들렸다. 몇 마리인지 가늠이 안 되었다.

　해가 넘어가는 시간이라 급한 마음에 무작정 119에다 전화했다. 소방서 업무 소관이 아니라면서 친절하게 동물보호센터로 연결해 주었다. 잠시 후, 동물구조 글자가 박힌 차량이 도착했다. 자초지종을 들은 동물구조 대원은 창고 아래 플래시를 비추고 태어난 지 한 달쯤 된 크기라며 강아지들 수를 세었다. 놀라서 구석진 곳에 박혀 있는 강아지를 정확히 세기에는 쉽지 않았고, 창고의 낮은 바닥으로 기어서 들어가기에는 큰 체구라 녹록치 않았다.

　잡으려는 사람과 잡히지 않으려고 도망치는 강아지들로 텃밭은 순식간에 아수라장이 되었다. 이 상황에서 어서 벗어나고 싶은 마음에 한 마리라도 잡아야 했다. 겨우 잡은 강아지는 따뜻한 체온이 손으로 전해지며 부들거리는 촉감에 소름이 돋아서 놓아버렸다. 한 달 된 강아지 체중이 그렇게 무겁다는 게 새삼 놀라웠다. 포획망으로 덮치기를 반복하며 남새들 다칠세라 조심해달라고 당부했지만 얕은 밭고랑은 많은 발들에 무너졌고, 이미 난장판이 되었다. 그토록 정성 들여 키운 작물들이 한순간에 망쳐지는 걸 보고 으악 소릴 지르며 난감한 이 상황이 차라리 꿈이었으면 낫겠다 싶었다. 잡힌 강아지들은 완강히 버티며 케이지 속으로 안 들어가려고 바둥거렸다. 그렇게 두 개의 케이지에 9마리를 넣었다. 그 수에 놀라울 따름이었다.

한바탕 소란으로 흥분이 가라앉지 않은 상태에서 강아지를 실은 차는 떠났다. 한숨 돌리며 정신을 가다듬어 현관문을 열려는데, 집 뒤쪽에서 낑낑대는 소리가 들렸다. 좀 전의 난리 법석에 환청이겠지 했건만 세상에나, 언덕을 기어오르려고 용쓰는 강아지들이 보였다. 이제 막 동네를 벗어날 듯한 동물구조대원에게 세 마리가 또 있다고 알렸는데 날이 어두워졌으니 잡아놓으면 내일 데리러 오겠다고 했다. 어릴 때 개에 물린 트라우마가 있어서 새끼라도 미끄덩거리는 털을 잡자니 꺼림칙했다. 겨우 잡아서 큰 고무통을 엎어 가둬놓았다. 강아지들의 불안한 움직임에 따라 덜그럭거리는 소리가 신경 쓰였다. 우리집이 출생지가 된 강아지들이라 가더라도 먹여서 보내자 하는 마음에 고깃국에 밥을 말아 넣어 주었다. 한동안 조용했다.

새벽녘이 되자, 처음 들어보는 짐승 소리가 들렸다. 늑대의 울음처럼 '우우우' 하는 소리에 집이 울렸다. 조심스럽게 밖을 내다보니 송아지만 한 개가 우리집 담벼락에 서서 내려다보며 울부짖고 있었다. 사라진 새끼들 찾는 소리가 분명했다. 새끼를 잃은 어미 심정으로 저런 고통의 소리를 내나 싶어 죄를 지은 것 같았다. 무서워서 나가지도 못하고 있는데 어미 소리에 고무통 속의 강아지들이 신호를 보내는 것처럼 앓는 소리를 냈다. 어미 개는 새끼들을 단박에 알아차리고, 불어서 늘어진 젖을 출렁대며 고무통 주위를 맴돌았다. 상봉할 수 없는 처지가 가여워서 어미 개가 사라진 틈을 타서 새끼들을 꺼내 주었다. 날이 새면 동물구조센터에서 오기 전에 셋만이라도 어미와 살라는 생각에서였다.

아침이 되자 예상대로 어미 개가 다시 나타났다. 새끼들을 보낸 죄인이 된 나는 조용히 숨어서 지켜보았다. 처음 보는 신기한 장면이 펼쳐졌다. 어미 개는 새끼들에게 젖을 먹인 후 한 마리를 입에 물고 어디로 가는지 눈앞에서 사라졌다. 그렇게 두 번을 더 왕복하며 새끼들을 옮겼다. 사람이나 동물이나 새끼를 지키는 모성은 크게 다를 바가 없어 마음에 울림이 일었다.

그렇게 우리집 불청객 소동은 끝이 났다. 어미 개가 새끼를 열두 마리나 낳았다는 말에 마을 사람들은 하나같이 놀라워했다. 낯선 곳으로 실려 간 강아지들이 어디선가 부디 잘 자라길 바라는 마음이다. 그날, 어미가 새끼를 찾아 절규하던 소리는 앞으로도 잊을 수 없을 것 같다.

아버지의 옷

아버지는 늘 일에 찌들어 사셨다. 그 옷에는 땀이 얼룩지고 햇볕에 바래진 흔적이 고스란히 배어 있었다. 새벽 동이 트기 전, 논밭으로 나설 때마다 걸치던 일복이었다.

점심때가 한참 지난 뒤, 허기진 몸을 이끌고 마당으로 들어설 때면 바지게를 짊어진 등이 땀에 흠뻑 젖어 있었다. 수돗가에 무겁게 늘어진 옷을 벗어두고, 장화 속에서 허옇게 불은 발을 씻으실 때마다 그 땀내와 흙내가 함께 씻겨 내려갔다. 밥상 앞에 앉은 아버지는 햇빛에 그을린 마른 얼굴로 환하게 웃었다. 수북하게 담긴 밥 한 술이 오히려 아버지의 얼굴보다 커 보였다. 밥공기는 금세 딸그락거리며 비워졌고, 그 소리가 사라지기도 전에 아버지는 상을 밀어내고 노곤한 몸을 단잠에 의지했다.

그 사이 어머니는 수돗가 그늘에서 옷을 주물럭주물럭 헹궈 손아귀의 힘을 다해 비틀어 짜고 세차게 털어 널었다. 비누칠 한 번 호강 받지 못하는 옷을 그렇게 비트는 것은 아버지의 고단함을 짜내고, 털어내고 싶던 어머니의 마음이었으리라. 그러나 빨랫줄에 널린 옷에서 뚝뚝 떨어지는 물방울은 마치 다시 스며 나오는 땀방울 같았다. 한숨 같은 바람이 스쳐가면, 단잠에 든 아버지도, 널린 옷도 그 순간만큼은 달콤한 휴식을 누렸다.

해는 제 갈 길을 가고, 아버지는 한 시간 남짓한 오수 끝에 기침 한 번을 하고는 벌떡 일어났다. 빨랫줄에 막 햇빛이 스며드는 옷을 휘이 저어 걸치고, 다시 터벅터벅 집 모퉁이를 돌아 나갔다. 짧은 해가 노을을 만들고 꼬리까지 사라질 즈음, 땅거미를 지고 돌아오는 아버지의 옷에는 또다시 반나절의 땀이 배어 있었다. 점심때와 다른 것은, 빨랫줄에 걸린 옷이 햇빛 대신 달빛을 머금고 물방울을 떨구며 너울거린다는 사실뿐이었다.

빨랫줄 사이로 보이는 아버지의 뒷모습은 언제나 고단했다. 자식들은 마른자리에서 살기를 바라며 객지로 보내놓고, 아득한 밤길을 수도 없이 걸었을 아버지였다. 부모가 되어 보니, 불빛을 찾아 헤매는 노객처럼 삶을 절박하게 견디셨을 그 마음이 비로소 아프게 다가온다.

아버지의 옷은 단순한 일복이 아니었다. 삶의 애착으로 씨줄과 날줄을 엮어 옷감을 만들고, 땀방울로 무늬를 새기며, 인고의 마디마디에서 색을 뽑아낸 장인匠人의 옷이었다. 평생 그 옷을 입고 사셨던 아버지, 이제는 하늘에서 휘장의 무늬를 두른 제복을 걸치고 환히 웃고 있을 것만 같다.

아버지가 그립다. 그립고 또 그립다.

주저하지 않는 손길

　일주일에 한 번 타지역에서 스터디 모임이 있어 가는 길이다. 호주머니에 지폐 몇 장을 챙겨 넣었는지 다시 확인한다. 지하철을 이용하기 위해 계단을 내려가다 보면, 그냥 지나치기에는 마음에 걸리는 사람이 있다.

　지난주에는 계단 중간쯤에서 작은 박스를 놓고 겸연쩍은 듯한 표정을 짓고 있는 할아버지를 만났다. 지폐를 얼른 넣고 돌아서는데, 할아버지가 껌 한 통을 건네면서 가져가라고 했다. 괜찮다고 손사래를 치며 급한 일이라도 있는 듯 계단을 내려갔다.

　껌을 받아왔더라면 할아버지의 마음이 수월했을까 하는 생각이 꼬리를 물었다. 행색이 초라하거나 덥수룩한 노숙자의 모습으로 빈 박스를 앞에 놓고 엎드려 구걸하는 여느 모습과는 분명 달랐다. 평범한 이웃 어르신의 모습으로 받은 만큼 대가를 준비한 경우는 보기 드문 일이었다.

그 때문에 상상에 불이 붙기 시작했다. 연로하신 몸으로 빈 쌀통을 긁다가 길바닥으로 나오신 분일 것만 같았다. 아픈 아내가 있거나, 건사해야 할 어린 식구가 있거나, 삶을 지탱하기 위해 몸부림쳐야 하는 아픈 가정사가 있을지 모를 일이었다. 나는 좀 더 드리지 못한 것을 후회하며 잠시 스쳐 온 길이 미련으로 남았다. 누군가는 이러한 오지랖에 답작거린다고 입을 댈지 모르겠다.

초등 입학 무렵, 윗동네에 살았던 그 아이는 집이 너무 가난하여 굶주림에 허덕였다. 아버지는 일찍 돌아가시고, 말이 많아 '짹짹골네'라고 불리는 엄마는 행상을 하며 돌아다녔다. 형은 학교를 포기한 채 일찌감치 일벌이 되어 집을 떠났다.

빼빼 마른 아이는 보살핌에서 제외된 듯이 혼자였고, 배가 고프면 이리저리 다니며 길바닥에 떨어진 것을 주워 먹었다. 그러던 어느 날, 학교에서 돌아오는데 동네 어귀에서 사람들이 삼삼오오 모여 있었다. 어수선한 가운데 경찰차도 보였다.

"짹짹골네 집 막내아들이 죽었대."

아이는 엄마가 올 때를 맞춰 동네 모퉁이에서 뛰어나오다가 달려오던 택시에 받쳐, 그 자리에서 명을 달리했다. 굶주림에 새보다 가벼웠을 몸은 한갓된 목숨이 되고 말았다.

나는 한동안 우울해서 그 집 주위를 배회했다. 배고픔에 허덕일 때 내 손에 들렸던 것을 나눠주지 못했던 무심함이 죄스러웠다. 그 슬픔은 오래도록 눌러앉아 힘든 이웃을 돕고자 하는 마음을 자극했다.

길바닥에서 도움의 손길을 만나면 저 앞에서부터 지갑을 꺼내야 한다. 하지만 내적인 요동만 남긴 채 지나는 경우가 많았다. 돌아갈 수 없는 거리에서 뒤를 돌아보며 어정쩡하게 스쳐온 내 모습이 우스웠다. 무엇보다 동정심으로 비추어질까 봐 소심한 마음이 등을 밀었다. 요구에 응하는 내 모습을 보고 열심히 노력하여 살 기회를 박탈하는 일이라고 할지도 모른다는 생각에 머뭇거리기도 했다. 도움의 손길에도 용기가 필요했다.

나눌 때는 낮게 손을 뻗어야 한다는 것을 알기에 진중하고 조심스러울 수밖에 없었다. 그 아이를 보내고 느꼈던 후회를 생각해 본다면, 소심한 망설임과 남의 시선 따위로 내 의지를 무너뜨려서는 안 될 일이다.

마음은 발 빠른데 행동이 느릴 때마다 그 아이를 떠올렸다. 오늘처럼 호주머니에 지폐를 준비하여 재빠르게 실행에 옮기고 자리를 뜨는 방법을 터득하고부터 비로소 잠시 스쳐가는 짧은 순간에 가졌던 갈등에서 벗어날 수 있었다.

   겨울이 깊어지고 있다. 차디찬 바닥의 모습이 보이면, 작은 손이지만 주저하지 않고 뻗을 것이다.

길 잃은 빵

빵을 구워 마음이 움직이는 곳으로 집을 나선다. 추억을 같이 했던 할머니들 뵐 생각에 걸음이 가볍다.

전에 살던 동네에 묵어 있던 공터가 있었다. 잡풀이 진을 치고 잔해더미에 묻혀 보이지 않던 땅에 어느 날부턴가 동네 할머니들이 하나둘 모여들기 시작했다. 땅을 파고 체로 돌을 걸러내는 작업이 몇 날 며칠 진행되더니 놀랍게도 큰 밭이 되었다.

공들여 노력한 만큼 잔돌로 자기 영역 표시를 하고 경작이 이루어졌다. 나는 운 좋게 아들네 집으로 가게 된 어느 할머니 자리 땅을 그저 받을 수 있었다. 거래를 할 수 없는 땅이라 액

수가 정해질 수 없었지만 척박한 땅을 기름진 밭으로 만든 노고에 답하느라 약간의 용돈을 드렸다. 그로부터 생명의 환희로 신명나는 하루하루를 보냈다. 그야말로 뿌리는 대로, 심는 대로 기쁨의 나날이었다.

밭 가로 아름드리 둥치로 서있는 벚나무 아래에다 평상을 마련하고 그곳을 쉼터로 만들었다. 쉼터는 봄이면 벚꽃이 하늘이고, 여름이면 무성한 잎이 지붕이고, 가을이면 알록달록 단풍이 배경이고, 겨울이면 고요를 지키는 파수꾼으로 둘러섰다.

계절마다 밭이 품는 정도에 따라 서로 나누기도 하고 다듬고 묶어 자식들 집으로 보내기도 했다. 시장에 내다 팔아 푼돈을 만들기도 하면서 즐거워하시는 할머니들을 보며 밭은 새로운 힘을 내게 하는 에너지원이라는 생각이 들었다.

나는 호미질 몇 번 하고는 할머니들의 질펀한 해학에서 요점을 찾는 재미가 쏠쏠했다. 빈 둥지를 지키며 노년의 녹록하지 않은 삶을 꾸리는 이야기에서는 애잔함이 등을 쓸었다. 서로 보이고 보여주며 그렇게 특별한 시간으로 만들어갔다.

하루 일과를 마치고 귀가해서 맨 먼저 하는 일이 밭으로 가는 일이었다. 할머니들의 반가운 영역으로, 푸성귀 생명의 위로로 공허함을 채웠다. 그러다가 수입이 생기는 날이면 들뜬 기분으로 할머니들께 자장면이나 국수로 인심을 풀었다. 그러면서 나는 서서히 그분들의 딸이 되어 갔다. 밭은 그토록 아우르는 품이 넓었다.

 살다 보면 간절한 것이 더 빨리 무너질 때가 있다. 밭을 일군 지 3년이 되던 해, 경작 금지라는 팻말이 세워졌다. 그리고 얼마 후 굴삭기가 올라와 밭을 무참히 짓이겨버렸다. 날마다 황량한 터를 바라보며 아쉬워할 무렵, 나는 지금의 동네로 이사를 왔다.

 어제의 일이 곧 추억이 되고 말았다. 새 보금자리에서 그 시간을 그리워하다가 집들이 첫 손님으로 밭 친구였던 할머니들을 초대했다. 오는 길이 힘드실까 염려되어 승용차로 두 번을 모셔왔고 또 그렇게 집까지 바래다 드렸을 만큼 그 시간을 같이 했던 할머니들이 좋았다. 그날의 반가움을 사진 한 장으로 남긴 채 기약 없는 이별을 했다.

 밭 자리가 그리웠던 할머니들은 결국 동네 뒷산 언저리를 개간해서 또다시 밭을 일구었지만 머잖아 시에서 경작 금지령이 내려 밭과의 인연을 아예 접었다고 했다. 간간이 접하던 소식이 뜸해지고 할머니들과도 점점 멀어져 갔다. 그와 더불어 나는 바쁜 일상 속으로 매몰되었다.

 그 사이 세월은 속절없이 흘렀다. 어제 빵을 구워 인연이 있는 마을회관에 가서 풀어놓고 정을 쌓던 중에 추억 속의 할머니들이 생각났다. 그래서 오늘 망설임 없이 밭 친구들이 있던 동네로 향하는 길이다.

개소식 때 초대 받아갔던 경로당으로 들어서자 모르는 노인분들이 많이 앉아 계신다. 둘레둘레 쳐다보고 있으니 나를 알아보고 손잡는 할머니가 계신다.

그리고 또 한 분의 할머니와 반갑게 등을 토닥이다 얼싸안는다. 다른 할머니들의 안부를 묻자 요양원에 한 분 계시고, 다 돌아가셨다고 한다. 열한 분의 밭 친구 할머니들 중에 세 분만이 계시다니 믿기지가 않는다. 막내딸처럼 나를 챙겨주시던 주택 할머니도 돌아가시고, 제일 부지런하고 일을 잘 하시던 광주 할머니는 올해 봄에 췌장암으로 돌아가셨다고 한다.

뭔가에 부딪친 것처럼 멍해졌다가 이내 코가 시큰거린다. 아직도 푸른 밭에서 나누던 정이 선명한데…. 호미질에 들숨과 날숨이 만들어내는 가치 있는 행위가 사라지자 생명의 불꽃도 서서히 꺼져갔나 싶으니 목이 멘다.

내 생애 찬란했던 시간을 함께 했던 열한 분의 밭 친구들께 드릴 빵이 갈 길을 잃었다. 쉼터 평상에 앉아 맛있게 빵을 드시던 할머니들이 떠오른다.

유자차를 마시며

　어릴 때 이웃집에 유자나무가 있었다. 어린 눈에 노란 열매가 나무를 덮고 있는 듯이 보였다. 유자 따는 날이면 걸리적거리더라도 나무 아래에 서 있었다. 향기를 고스란히 맡기 위해서였다. 세상에서 이보다 좋은 향기가 또 있을까 했다.
　유자나무의 주인인 이웃 아주머니는 해마다 한 소쿠리씩 인심을 썼다. 엄마는 바람이 묻힌 땟자국을 세척한 후에 유자청을 만들었다. 온 집안이 향으로 가득했다. 마무리를 하고 손을 씻어도 엄마 손에는 향이 배여 있었다. 밀봉하기 전, 맛보기로 유자차를 우려내면 집안은 따뜻한 분위기로 메워졌다. 떨어지는 눈을 바라보며 가족들과 함께 앉아 유자차를 마시던 기억이 아직도 선명하다. 그 속에서 나눈 이야기와 웃음소리는 언제나 행복한 순간으로 남아 있다.

선연한 추억으로 나도 언젠가는 땅이 생기면 꼭 유자나무를 심으리라 다짐했다. 염원대로 땅이 생겨 유자나무를 심었지만 냉해를 입어 죽었다. 두 해를 거듭 실패를 하고서는 적합지가 따로 있구나 하고서는 포기를 했다. 대신 유자 수확기가 되면 마트에서 신선한 것들을 골라 청을 만들었다. 청은 샐러드를 만들거나, 고기를 양념할 때 사용했다. 소박한 일상에서 유자의 향과 맛은 소중한 시간을 더욱 풍요롭게 만들어 주었다.

올해는 어영부영하다가 유자 제철을 놓치고 말았다. 좀 늦은 감은 있지만 눈에 보이면 사려고 작정하고 있었다. 때마침 남해로 출장을 간 남편이 길가에서 할머니들이 유자 파는 것을 보고, 유자청을 만들겠다고 한 내 말이 떠올랐다며 전화를 했다. 두말없이 사 오라고 했다. 해풍 맞고 자란 열매라 믿는 게 있어서 묻지도 따지지도 깎지도 말라고 했다.

귀가한 남편보다 기대에 부푼 유자 봉지가 더 반가웠다. 소쿠리에 하나씩 향을 맡아가며 꺼내는데 노란 껍질에 꺼무칙칙한 것이 군데군데 기미처럼 퍼져 있었다. 남해 청정지역에서 자란 무공해 열매라서 그러겠거니 했다. 그런데 자세히 보니 짓무른 자국들이 따라 보였다. 하나씩 꺼낼 때마다 기대가 쪼

그라들었다. 입에서는 바람 빠지는 소리가 나왔다. 물러졌거나 상해서 쓸만한 게 없었다. 남편과 둘이서 적나라하게 펼쳐져 있는 유자를 보며 허탈하게 웃었다.

"당신한테 유자를 팔면서 좋아했을 할머니의 기분을 생각해서 좋은 일 했다고 생각합시다."

"그래도 난 좀 언짢네."

남편이 한치의 의심 없이 봉지에 담아 왔을 그 마음만으로도 충분히 고마웠다. 어쩌겠는가. 살다 보면 이러한 일도 더러 생기는걸. 이렇게 마음 푸는 것이 어쩌면 어릴 때 유자에 대한 추억들이 나를 편안하게 감싸주는 따스함이 숨 쉬고 있어서가 아닐까. 결국 마트에서 유자를 사서 청을 만들었다.

유자청 두 스푼을 넉넉하게 떠서 찻잔에 담고 뜨거운 물을 붓는다. 향이 코끝으로 밀고 들어 온다. 창밖의 추위를 상큼한 향이 녹이는 듯하다. 유자차의 감미로운 맛을 느끼며 창가에 섰다. 그 옛날 간간이 불어오는 유자나무의 상큼한 향기가 코끝을 스치는 듯하다. 지금도 그때의 행복한 순간들이 마음에 남아 유자는 나에게 특별하다.

엉뚱한 질문에 그럴싸한 답

 머리 염색을 하기 위해 동네 미용실에 갔다. 자주 가다 보니 미용사들과도 스스럼없는 사이가 되었다. 소소한 이야기 끝에 염색약을 막 바르기 시작하던 미용실 주인이 질문을 하나 해도 되겠느냐고 했다.
 그녀는 생뚱맞게 "참새와 뱀 그리고 원숭이 이 셋을 데리고 등산을 해야 하는데 이들을 어떻게 데리고 올라가겠느냐?"라며 황당한 물음을 던졌다. "내 재간으로는 감당이 안 될 동물들이니까 그냥 각자 스타일대로 올라가면 되겠죠." 내 대답에 그녀는 웃으면서 며칠 전 철학관에 다녀온 이야기를 했다.
 철학관장이 똑같은 질문을 해서 자기는 참새는 어깨에다 얹고, 뱀은 망태에 담고, 원숭이는 손을 잡고 올라가겠다고 했더니, 동물들이 의미하는 바를 짚어 주며 답을 해석해 주었다고 한다. 여기서 참새는 자식을, 뱀은 돈을, 원숭이는 일을 의미하는데 평생 일을 하면서 돈을 벌어 자식을 건사해야 될 팔자라고 했다고 한다. 그러면서 모든 것에 주체적으로 관여를 해야 하니 피곤한 삶이라고 덧붙이기까지 했다니 미용실을 운영하는 그녀로서는 생각할수록 맞는 해석 같아서 자기도 모르게 탄성을 질렀다고 한다.

이쯤에서 내 삶과 연관시켜 보았다. 자식은 자유롭게 날아다니는 참새처럼 소신 대로 살아가도록 하고, 돈은 유연한 뱀처럼 흐름에 맡기며, 일은 이 나무 저 나무를 폴짝거리고 다니는 원숭이처럼 주어지는 대로 하자는 것이 바로 내 스타일이라 할 수 있겠다. 그녀처럼, 생각할수록 신기하다는 생각을 지울 수 없었다.

그러던 중에 죽마고우 모임에 갔다가 왁자지껄 속에서 이 희한한 질문을 해보았다. 재밌게도 각자 답이 달랐다. 질문에 대한 답의 해석과 팔자를 연관지어 본다면 똑같을 수 없는 것이 운명이기는 하니까 다를 수밖에 없을 것이다. 셋을 비엔나소시지처럼 줄줄이 이어서 가겠다, 전부 망태에 담아서 가겠다는 둥 뭉뚱그려 가는 친구들과 새는 머리에 얹고, 뱀은 줄로 묶고, 원숭이는 업고 간다는 식의 셋을 데리고 가는 행세가 각기 나뉘었다. 제각각이지만 동물의 의미를 알고 해석을 해보면서 그럴싸하다고 박장대소를 했다. 친구들은 각자 집으로 돌아가 남편에게 질문을 해보기로 했다.

그날 저녁, 식탁에서 입가심으로 과일을 먹고 있는 남편에게 같은 질문을 했다. 어떤 답이 나올까 무척이나 궁금해서 답할 입만 쳐다보는데 세상에나, 생각지도 못할 승용차를 등장시켜 모두 태워서 소방도로를 이용하여 산을 오르겠다고 했다. 예상 밖의 승용차를 등장시키는 바람에 나는 그만 머리가 띵해졌다. 눈을 껌뻑거리다가 머리를 한번 세차게 흔들고서는, 거기서 승용차가 왜 나오냐며 다시 생각해 보라고 채근했다. 남편은 그 답이 내 답이라며 정해진 답이 어디 있냐며 오히려 역공을 해댔다. 아무리 생각해도 승용차 등장은 말이 안 되었다. 거기다가 특성이 다른 동물 셋을 승용차에 태운다는 것은 도대체가 상상할 수 없는 일이었다. 성의 없는 답이라고 쏘아붙이고는 급기야 감정이 피어올랐다. 남편은 소방도로로 승용차뿐만 아니라 오토바이도 다닐 수 있다고 한술 더 떴다.

불편한 침묵이 얼마간 흐르고 난 뒤, 남편의 답에 대해 곰곰이 생각해 보았다. 평소에 보면 남편은 창의력이 있는 사람이라 승용차가 등장할 가능성이 있기는 하다. 승용차를 인정하고 나니 그다음 연결은 쉬웠다.

어느 집이나 마찬가지겠지만 남편은 가족을 위해 최선을 다해 사는 사람이다. 최대한 안락한 가정을 꿈꾸며 식구들의 안녕을 위해 계획하고 설계하여 쉼 없이 나아가는 무소의 뿔이다. 근면 성실을 구동축으로 하여 자식과 돈 그리고 일을 같은 맥락에 두고 최단거리로 정상을 향해 나아가고자 하는 열망의 주체이다. 여기까지 생각하고 보니 비로소 남편의 답이 이해되었다. 꿈보다 해몽일지라도 나는 이 해석을 믿기로 했다.

남편에게 채근했던 것을 겸연쩍어 하고 있는데 친구한테서 전화가 걸려왔다. "우리 집 양반은 셋을 단디 교육해서 산을 오르겠단다. 남편은 아무것도 안 하면서 입으로만 식구들을 좌지우지하려는 사람인데 대답과 해석이 우찌 이리도 딱 맞노!"

친구는 신통방통하게 맞다면서 까르르 웃었.

참말로 희한한 질문에 그럴싸한 답이라 웃지 않을 수 없었다.

아줌마와 할매 사이

 집 근처에 영화관이 있다. 마침 좋아하는 애니메이션이 실사 영화로 개봉되었다고 해서 남편과 함께 관람하러 갔다. 여유롭게 출발해 상영시간보다 일찍 도착했으니, 백화점 안에 자리한 영화관이니만큼 무료하게 기다리지 말고 쇼핑이나 하자고 했다. 마침 연결된 층에는 여성 의류가 진열되어 있어 눈요기하기에 안성맞춤이었다.
 진열대를 훑으며 느린 걸음을 옮기는데, 앞서가던 남편이 원피스를 곱게 입은 마네킹 앞에 멈추더니 나를 돌아보며 잘 어울리겠다고 했다. 남편의 시선을 받은 순간, 나도 모르게 "너무 아줌마 같아 싫어." 라는 말이 툭 튀어나왔다. 거리낌 없이 내

뱉은 말에 남편은 "꿈 깨라. 그럼 아줌마지 처녀냐?" 라며 실소를 머금었다. 나도 내가 해놓고도 말 같지 않은 소리에 웃음을 터뜨렸다. 곱씹어 보니, 평소 옷을 사러 갈 때마다 입에 붙은 말이 바로 "너무 아줌마 같다."는 것이었다.

생각해 보니 오십을 훌쩍 넘긴 마당에 '아주머니' 중에서도 상급에 속할 터이다. 그런데도 굳이 '너무'를 붙여 말한다는 건 나이 듦을 인정하기 싫은 몸부림 아닐까. 어쩌면 평균보다 젊게 보이고 싶은 욕구가 무의식에 깊이 뿌리내린 탓일 것이다. 불현듯 엄마가 떠올랐다.

지난 가을, 모처럼 집에 오신 엄마께 옷을 사드리려 백화점에 갔던 일이 있다. 연세 지긋한 분들을 위한 여성 의류 코너에서 엄마에게 잘 어울리겠다 싶은 옷을 골라 드렸더니, 엄마는 단박에 "너무 할매 같다."며 고개를 저었다. 순간 나도 모르게 "엄마, 꿈 깨셔. 할매지 그럼 아줌마예요?" 라며 웃음을 터뜨렸고, 엄마도 '그래도 그렇지.' 하는 듯 따라 웃었다. 직원이 이 옷 저 옷 권해드려도 소용없었고 결국 엄마가 직접 고르신 옷으로 정했다. 내 눈엔 연세보다 젊어 보이지 않았지만, 고향 어르신들 세계에서는 유행하는 스타일이라 하시니 존중하기로 했다.

그러다 계산대 앞에서 문득 생각이 났다. 시집와서부터 엄마와 자매처럼 지내며 나를 딸처럼 아껴주신 옆집 어르신께 옷선

물을 드리면 어떨까? 엄마는 기특하다며 옷을 골랐다. 나 역시 연세와 체형, 피부색까지 고려해 가며 옷을 찾았다. 그러다 '이 거다' 싶은 옷을 들어 보였는데, 엄마가 이내 손사래를 치며 또다시 "너무 할매 같다." 하시는 게 아닌가. 그 순간 웃음이 터졌다. 엄마는 팔순을 앞두었고, 옆집 어르신은 구순을 바라보는데 '너무 할매 같다니?' 그럼 도대체 누구를 보고 할매라 한단 말인가. 나와 엄마는 깔깔 웃었고, 참던 직원도 결국 웃음을 터뜨렸다.

돌아보면, 나이를 막론하고 본래 나이보다는 젊어 보이고 싶은 게 사람의 마음인 듯하다. 누구도 자기 나이보다 더 늙어 보이기를 바라지 않는다. 그동안은 '꿈 깨라'는 말에도 대수롭지 않게 웃어넘겼다. 누군가 내 나이를 알고 놀라는 기색을 보이면 '늙어 보인다'보다 '젊어 보인다' 쪽으로 기꺼이 해석하며 지내왔다.

그런데 얼마 전 동호회 모임에서 누군가 "오십 넘으면 할매지."라고 툭 내뱉었다. '아줌마 중에서도 상 아줌마' 쯤이라 여기며 살아왔는데, 할매라니! 집으로 돌아오는 내내 충격과 우울이 뒤섞였다.

현관에 들어서자마자 남편에게 물었다. "여자 나이 오십 넘으면 할매라는데, 나도 그럼 할매야?" 남편은 "할매는 무슨 할매, 아직 꽃인데⋯." 라며 달래듯 말했지만, 이미 '할매'라는 호칭이 머릿속에 들어온 뒤라 뒤끝이 개운치 않았다.

억지로 부인해도 소용없다. 나는 이미 아줌마와 할매 사이 어딘가에서 방황하며, 그 경계에서 어정쩡하게 웃고 있는지도 모른다.

제5장

지금, 여기

접시꽃 / 91×70 / 혼합재료 / 2023

시간의 결이 모여 이룬 나의 현재를 바라보다

지나온 시간을 돌아보는 일은 결국 지금의 나를 더 깊이 이해하는 일이었다. 유년의 마음을 들여다보고, 누군가의 눈빛을 다시 떠올리고, 가까운 사람과의 미묘한 거리에서 흔들리던 내 마음을 오래 바라본 끝에 나는 비로소 지금, 여기에 도달했다.

이 장에 담긴 이야기들은 과거로부터 흘러온 감정의 잔물결이 현재의 나에게 어떻게 도착했는지를 기록한 글이다. 오랜 세월을 건너온 눈물이 오늘의 위로가 되기도 하고, 사소한 다정함이 오늘의 결심이 되기도 한다.

지금, 여기는 어쩌면 시간 전체가 잠시 머무는 자리. 나는 이 자리에 앉아 과거의 시선을 껴안고, 아직 오지 않은 시간을 조용히 기다려본다.

시선의 무늬

 그저께 내린 폭우로 집 앞 개울에서 살던 오리 가족의 생사가 궁금하다. 피신처가 따로 존재하는 것도 아니고, 불어난 물에 휩쓸려 어떻게 되었는지 모른다. 개울을 따라 올라가며 혹시라도 오리 가족이 보이는지 유심히 살핀다.
 며칠 전에 개울가를 걷다가 오리 가족을 만났다. 작은 발을 오므리며 물 위를 나아가는 아기 오리들과 그 곁을 바짝 따라가는 어미 오리가 시선을 사로잡았다. 줄을 맞춰 흔들흔들 떠내려가다가 웅덩이가 보이면 그곳에서 오밀조밀 붙어서 놀았다. 그 모습이 귀엽기도 하고 어딘지 모르게 마음을 먹먹하게 했다.

남편은 한참이나 그 장면에서 눈을 떼지 못하더니 오리들이 놀랄까 봐 소리를 낮춰서 말했다.

"어미 오리가 새끼들 지키는 모정이 대단하다."

모정으로 바라보니 예사롭게 보이지 않고 정이 더 갔다. 물살은 크지 않았지만 생명에는 늘 위험이 따르기 마련이다. 가끔은 그 위험을 당연한 것처럼 생각하며 무심히 지나칠 때도 있었지만 그날은 달랐다.

어미 오리는 한순간도 새끼들 곁을 벗어나지 않았다. 뒤처지는 새끼가 있으면 발을 멈추고 기다리고, 때로는 옆으로 다가가 어깨를 밀며 방향을 잡아주는 듯했다. 물 위에서는 아무 일 없는 것처럼 보였지만 그 순간이 계산된 선택처럼 느껴졌다. 그 모든 동작들이 말 없는 사랑의 언어 같았다.

내 마음에도 조용한 무늬 하나가 그려졌다. 작고 보드라운 선이 물 위에 번지듯 그 장면이 나에게 다가왔다. 사랑은 때로 아무 말 없이 따라가는 것, 지켜본다는 건 곁을 지킨다는 것이다. 내 안에서 그런 문장이 떠올랐다. 그런데 바로 그 순간, 우리 옆을 지나던 어떤 중년의 남자가 툭 한마디를 던졌다.

"좀 더 크면 잡아먹으면 맛있겠네."

나는 순간적으로 아무 말을 할 수 없었다. 남편은 입을 꾹 다물었다. 방금 전까지 보던 그 평화롭고 다정한 풍경이 마치 손으로 찢긴 것처럼 느껴졌다. 남편의 눈빛엔 말로 표현하지 않아도 충분히 전해지는 쓸쓸함이 담겨 있었다. 같은 오리 가족을 본 것인데, 어쩌면 이렇게도 다르게 말할 수 있을까? 한 사람은 모정을 보았고, 한 사람은 식욕을 보았다. 한 사람은 생명을 지키는 모습을 찬탄했고, 다른 사람은 그것을 음식의 재료로 떠올렸다.

사람은 모두 자기 마음의 렌즈로 세상을 본다. 자신이 품고 있는 것으로 세상을 본다는 것을 두말하면 뭐할까. 어떤 이는 마음에 사랑이 많아 눈길이 머무는 곳마다 따뜻한 장면을 발견하고, 어떤 이는 오래된 결핍이나 익숙한 관성으로 세상을 기능과 효율의 관점으로 바라본다. 그저 풍경이 아니라 제각각 그 안에 담긴 자기 자신을 바라보는지도 모른다.

우리는 늘 똑같은 풍경 속에 살지만, 결코 똑같은 세상 속에 살고 있는 것은 아니다. 누구는 삶을 보호해야 할 것으로 인식하고, 누구는 이용할 수 있는 것으로 분류한다. 자연을 바라보는 태도 하나에도 그 사람의 철학이 고스란히 배어난다.

다시 고개를 돌려 오리 가족을 바라보았다. 멀어져 가는 뒷모습은 물 위에 작고 둥근 파문을 남기고 있었다. 그 작은 생명들이 지닌 연약함과, 그것을 지키는 끈질긴 사랑이 얼마나 다정하고도 위대한가.

나는 과연 어떤 무늬로 세상을 그리고 있을까, 나는 지금 어떤 눈으로 사람을 보고 있을까? 그날 내 마음에 그려진 시선의 무늬는 오래도록 남아 있다. 결코 잊히지 않는 풍경이었다. 사랑을 볼 수 있는 눈, 다정한 세계를 기억하는 마음, 나는 그런 무늬로 세상을 그리고 싶다. 세상은 캔버스이고, 시선은 붓이라고 누군가는 말했다. 그 사람이 가진 감정과 기억이 붓 끝에 묻어 풍경 위에 무늬를 만든다.

남편의 손을 조용히 잡는다. 그 손은 따뜻하고, 오랫동안 가정을 지켜 온 손이다. 어미 오리의 마음으로 살아온 지난날들이다. 나는 마음속으로 조용히 다짐한다. 세상을 바라보는 나의 눈도 사랑이 깃든 시선이기를, 어떤 존재를 마주하든 그것을 먼저 품고 지키는 사람이기를, 그렇게 따뜻한 눈으로 살아가고 싶다.

개울 길 끝에 오리 가족이 보인다. 다행이다.

검버섯 서사

검정치마에 하얀 저고리를 입고, 숱 많은 머리를 땋은 한 처녀가 앞을 보고 있다. 무릎 위로 얌전하게 올려진 두 손이 참 곱다. 우리 엄마의 사진이다. 엄마도 저렇게 고운 피부에 주름 없던 시절이 있었다.

이제 엄마는 손뿐만 아니라 팔과 다리는 물론이고 얼굴에까지 검버섯이 피었다. 나이가 들면 자연스러운 현상인 줄 알았다. 모진 풍파를 이겨낸 단단한 바위에 이끼꽃이 피듯 몸에도 꽃이 피는 줄 알았다.

앨범 속 빛바랜 사진을 보고 있는데 엄마가 내 손등을 보면서 말했다.

"딸 손등도 나를 닮아가네."

언제부턴가 내 손등에도 검버섯이 피기 시작했다. 정원과 텃밭을 가꾸면서 햇빛에 노출이 되다 보니 손 피부 노화가 일찍 진행되었다. 궁여지책으로 의료의 힘을 빌려 제거를 한다고 했지만 그늘에서 얌전하게 있을 처지가 못 되기에 손등에 검은 자국들이 더 진하게 되는 결과를 초래하고야 말았다.

나이에 비해 일찍 검버섯이 생겨 처음에는 인정할 수 없었다. 점이라고 우기다가 한 해가 다르게 더 늘어나니, 이제 검버섯은 부인할 수 없는 사실이 되었다.

내 손등을 보는 사람들마다 안타까운 듯 손을 만지며, 얼굴 나이와 달라 보이는 손등이라고 입을 댄다. 살집이 있는 툭툭한 손등에 점박이 무늬는 더 크게 보여 손 드러낼 일이 있으면, 자연스럽게 뒤로 빼는 것이 습관처럼 되었다. 특히 차茶 공부를 하면서 찻잔을 내밀 때는 손등의 검버섯을 더 의식하게 되었다. 또래 여인네의 섬섬옥수가 부러울 지경이다. 손등에 몇 개 생긴 검버섯으로 시선을 의식하게 되는데 엄마는 어떨까 싶다.

엄마는 아버지가 갑자기 돌아가시고 울분을 땅에다 토해냈다. 동네 어귀에 있던 논을 밭으로 만들었다. 아버지의 땀으로 일구던 논을 밭으로 만들기까지는 많은 시간이 필요했고, 이는 큰 공사였다. 벼농사만 짓던 진흙땅을 포클레인으로 갈아엎어 좋은 흙으로 성토를 하고 그 자리에 매실 묘목을 심었다. 아버지가 정성으로 가꾸던 논을 밭으로 만든다는 것은, 아무런 예고 없이 황망하게 가신 아버지에 대한 원망의 표출이었고, 백년해로 못한 부부지간 연에 대한 억울함이었다.

말없이 지켜볼 수밖에 없었던 자식들은 아버지가 동네 어귀에 논이 있어 관리하기가 수월하다며 애착을 가졌던 땅의 변화에 마음이 착잡했다. 슬픔이 채 가시지 않은 상태에서 아버지가 수없이 밟고 다닌 땅을 건드린다는 것이 몹시 서운했고, 아버지의 흔적이 지워지는 것 같아 일을 벌이는 엄마가 원망스럽기까지 했다. 논이 밭이 되는 대변혁을 보면서 엄마의 강단에 그저 놀랄 뿐이었다.

엄마는 진날 갠날 없이 그 밭에서 살다시피 했다. 매실 묘목들을 살피며 그 아래로 나기 시작한 잡초를 뜯으며 무념무상인 듯 초인이 되어 갔다. 그렇게 3년이 되던 해부터 매실이 조금씩 달렸다. 매실을 따고 나면 전지를 일꾼들에게 맡기지 않고 엄마가 직접 작업했다. 조금이라도 상념이 들지 않게 일로 몸을 다그쳤다.

이른 봄, 매실나무 꽃 수가 많아질수록 엄마의 검버섯도 하나 둘 피었다. 뙤약볕 아래 따가운 빛살이 피부를 조준해도 엄마의 세월은 의연했다. 손등을 타고 핀 검버섯은 얼굴에도 하나 둘 피어났다.

섬진강변에 매화가 지천으로 피면 상춘객들이 몰려든다. 그 시작 점에 있는 엄마의 매실 밭은 봄 마음을 끌어당기기에 충분할 만큼 특별한 밭이 되었다. 엄마의 검버섯 서사가 존재한다는 것을 아는 이 없이 포토존 역할을 다하고 있다.

한여름에도 긴 소매 옷을 입고, 팔토시를 하고 다니는 엄마를 보며 햇빛을 가려가며 일을 하지 왜 그랬냐고 안타까워서 자조 섞인 말을 했다.

"그렇게 하지 않으면 살 수가 없었고, 또 그렇게 세월을 보냈지 뭐."

엄마의 짧은 한마디는 무수한 말들을 함축하고 있었다.

내 손등도 엄마를 닮아 간다며 살가죽만 남은 엄마의 손등을 쓸어 만지는데 검버섯이 이리저리 밀려다닌다. 손등의 표정이 슬프다.

모셔둔 마음

어릴 적에 부엌 쪽문이 있는 근처에 유리문이 달린 그릇장이 놓여있었다. 그 안에는 한 번도 쓰인 적 없는 찻잔 세트며, 잔잔한 꽃무늬가 들어간 접시들이 층층이 진열되어 있었다. 나는 종종 몰래 유리문을 열어 그릇 하나를 꺼내어 들고 빛에 비춰보곤 했다. 그건 분명 그릇이었지만 어떤 성역 같아 오랫동안 기억에 머물렀다.

그래서였을까, 결혼을 하면서 혼수품으로 그릇장을 장만했다. 처음에는 그저 실용적인 식기들로 채워졌지만, 시간이 지나면서 나도 모르게 하나둘 특별한 그릇들을 모으기 시작했다. 쓰지 않을 걸 알면서도 사게 되는 고운 찻잔, 한눈에 반해버린 도자기 접시, 그건 단지 물건이 아니었다. 바쁜 일상 속에서 숨 한 번 고르고, 내 취향을 조용히 들여다볼 수 있는 통로였다.

나이 들어 차茶 공부를 하면서 고가의 다구들로 욕심의 끝을 달렸다. 장인이 손끝으로 빚어낸 곡선, 불 속에서 우연히 빚어낸 유약의 갈래, 손바닥에 닿는 온기, 그 모든 것이 하나의 작품으로 다가왔다.

몇 해 전에 큰맘 먹고 값이 나가는 다완 하나를 구입했다. 매끈하면서도 결이 은은하게 번지는 빛을 가만히 들여다보면 마치 그릇 안에서 바람이 일고 물결이 이는 듯한 착각이 들었다. 그 다완은 말차를 마실 때만 조심스럽게 꺼냈다. 사용 후에는 깨끗이 씻어 그릇장 깊숙한 곳에 모셔두었다. 그것은 나만의 의식이었고, 기쁨이었다.

그렇게 귀한 다완이 남편의 손에 국그릇이 되어 있을 줄이야. 외출에서 돌아와 식탁을 보다가 그만 입이 쩍 벌어지고 말았다. 김이 모락모락 나는 된장국이 다완에 담겨 있었다. 그건 국그릇이 아니라고 나도 모르게 목소리가 높아졌다. 남편은 숟가락을 휘저으며 태연하게 대꾸했다.

"아니, 그릇은 원래 쓰라고 있는 거지. 뭘 그렇게 애지중지해?"

아침에 말차를 마시고 씻어 제자리에 두지 못한 잘못이 크다는 것을 알고 아차 싶었다. 하지만 속으로 여러 말을 삼켰다. 그릇이 그릇일 뿐이라는 단순한 정의 속에는 내가 그 그릇을 위해 들인 마음과 시간, 그리고 애정이 전혀 담겨 있지 않았다. 남편에게 다완은 그저 국을 담는 용기일 뿐이었고, 그릇의 태생적 기능을 충실히 수행하는 평범한 도자기였던 것이었다.

그리고 며칠 후, 오랜만에 딸아이가 집에 왔다. 차라도 한잔 하자고 했더니 부엌으로 들어간 딸은 그릇장을 열고 이것저것 꺼내기 시작했다. 결혼기념일에 맞춰 장만한 의미 있는 찻잔 세트와 어렵게 구한 찻잔, 지인에게 선물 받은 접시 등 하나 둘 식탁에 늘어놓았다.

"딸아, 그건 평소에 쓰는 그릇이 아니야."

딸아이는 내 말에 아랑곳없이 웃으며 말했다.

"예쁘니까 더 자주 써야 하는 거 아냐? 그릇은 그냥 쓰면 되는 거잖아."

남편의 말과 똑같아서 허탈한 웃음이 나왔다. 이 집에서 나만 그릇에 이야기를 부여하며 산다는 걸 새삼 깨달았다. 남편과 딸에게 그릇은 음식 담는 용기 그 이상도 이하도 아니었다. 그렇다고 그들이 전혀 틀린 건 아니다. 그릇은 쓰임 속에서 비로소 생명을 얻는다. 아무리 귀하게 모셔두어도, 쓰이지 않는다면 그저 장식품일 뿐이다. 먼지 속에서 빛을 잃어가는 그릇은 결국 그릇의 본분을 잃는 것인지도 모른다.

그러나 나에게는 그릇이 단순한 생활 도구가 아니다. 하나의 다완, 하나의 찻잔에도 내가 걸어온 시간과 감정이 스며 있다. 마치 소중한 편지를 오래 간직하듯, 그릇도 나에겐 하나의 이야기이자 기억이다. 그것을 함부로 쓰는 것이 마치 내 마음을 무심히 다루는 일처럼 느껴지는 것은, 아마도 그릇과 함께 쌓인 세월을 그들보다 오래 품고 있었기 때문일 것이다.

그날 저녁, 나는 다완을 조심스럽게 씻어 제자리에 두었다. 여전히 그릇장은 나만 아는 작은 전시관이자 마음의 서랍이다. 그러나 남편과 딸아이의 말처럼 그릇은 쓰라고 있는 것이고, 예쁘니까 더 자주 써야 되는 것이 맞을지도 모른다. 그릇이 사람의 손에 닿아 쓰임을 얻는 순간, 그것은 단순한 물건에서 살아있는 존재로 변한다. 쓰임 속에서 흠집이 나고, 색이 바래도 그 또한 시간의 흔적이자 또 다른 아름다움일 수 있다. 하지만 그 귀한 다완을 된장국 그릇으로 쓰는 장면을 웃으며 받아들일 준비가 되지 않았다. 아직은 실용적 쓰임보다는 심미적 의미가 크다.

오늘도 그릇장을 열어, 다완과 귀한 그릇들을 제자리에 모셔 둔다. 어쩌면 나는 그릇이 아니라 그 안에 담긴 나의 마음을 모셔두고 있는지도 모른다. 언젠가 그 마음을 기꺼이 꺼내어 쓰게 된다면, 그릇도 나도 비로소 또다른 하나의 쓰임이 되리라.

마지막 배송

　새봄맞이가 엊그제 같은데 벌써 더운 바람이 분다. 이른 봄에 심었던 으름 모종을 살펴보는데 줄기에 매단 노란 이름표가 흔들린다.
　해마다 봄이 되면 식물원에 없는 꽃은 인터넷으로 주문했다. 욕심부려 꽃을 들이다 보니 택배 아저씨와 자주 얼굴을 보게 되었다. 그는 비 오는 날엔 옷이 흠뻑 젖은 채로, 더운 날에는 이마의 땀을 훔쳐 가며 다부진 모습으로 배달을 왔다.
　동네에서 우리집 택배물이 많아 멋쩍었다. 그래서 안 해도 될 인사를 붙이곤 한다. "다시 봄이 왔네요.", "봄이라서 어쩔 수 없네요." 등 봄을 앞세워 고맙다는 말을 얹었다. "택배업을 하는 우리야 좋지요." 그는 입꼬리를 올리며 건네주고 빠르게 뒤돌아서 갔다.

그날은 젊은 사람이 조수석에서 내려 물품을 건넸다. 운전석에 앉아 있던 아저씨는 거북목으로 어정쩡하게 목례만 했다. 머리를 삭발한 채로 얼굴색은 창백했다. 변한 모습에 쳐다보고 있었더니 그의 씁쓸한 미소가 '나, 아파요.' 하고 말하는 듯했다.

상자 속에 있는 식물들을 꺼내어 포장지를 푸는데 물기가 사라진 힘없는 모종이 꼭 아저씨 모습과 닮아 있었다. 그는 반가움을 전하는 택배 아저씨였을 뿐 이름도, 나이도 어떤 삶을 살아왔는지 모르지만 걱정되고 조바심이 일었다.

주문한 꽃모종은 백화 으름과 홍화 으름 두 가지였다. 같은 종이지만 꽃색이 달라 감상용으로 심어볼 작정이었다. 심을 자리가 없는데 꽃 볼 욕심에 충동구매를 한 것이라 취소할까 고민하던 중에 배송이 되었다. 모종을 들고 텃밭과 정원을 오가면서 심을 빈자리를 찾았다. 그러는 동안 핼쑥해 보이던 그가 계속해서 마음에 걸렸다.

결국 택배 완료라는 문자가 실린 번호로 전화를 했다. 좀 전에 물품 받은 집인데 혹시 건강이 안 좋으시냐고 물었다.

"어, 네에···. 그래서 지금 인수인계 중입니다. 그동안 고마웠

습니다."

많이 안 좋으시냐고 또 물었다. 그렇다고 하는 말에 마음이 덜컥 내려앉았다.

"아저씨, 넘 열심히 살아서 아픈 거 아입니꺼?"

전화기 너머로 들리는 짧은 웃음에 만감이 교차했다. 그리고 더 이상 아무 말이 없었고, 나도 어서 건강을 되찾으시라는 말이 끝이었다.

그 후로 그를 더 이상 볼 수 없었다. 나는 걱정스러운 마음에 안부가 궁금하기도 하여 택배 문자 번호를 저장했다. 그러면 sns 친구가 되어 프로필에서 근황이라도 알 수 있을 것 같았다.

프로필에는 그의 흔적은 보이지 않고 아들 사진 몇 장이 전부였다. 아들만 바라보고 산 사람 같았다. 까까머리에 중학교 교복 입은 아들 사진을 보니 아빠와 닮은 모습이었다. 사이클 복장으로 트랙을 도는 사진으로 봐서 아들이 사이클 선수인 듯 보였다. 가슴이 먹먹했다.

봄꽃은 들일 만큼 들였고, 심을 자리마저 없으니 인수받은 젊은 택배 기사를 만나 근황을 전해 들을 기회가 생기지 않았다. 가끔 그의 프로필만 한 번씩 볼 뿐이다.

노란 이름표를 단 으름이 그새 줄기를 뻗었다. 택배 아저씨

마지막 배송 **221**

가 마지막으로 배송한 으름을 가꾸면서 그의 묵묵한 수고와 따뜻함을 기억할 것이다.

　병마와의 전쟁에서 이겨내고 무사귀환을 바라는 듯 으름 가지에 묶인 노란 이름표가 크게 한 번 더 흔들린다.

뒤에서 흘리는 눈물

장마가 시작되었다. 홀로 지내시는 엄마 건강이 염려되어 안부 전화를 드렸다. 요즘 잠이 잘 오지 않아서 오만가지 생각이 다 난다며 넋두리를 하신다. 그러면서 택배물을 보냈으니 도착하면 잘 챙겨 보라고 하셨다.

저녁 무렵이 되어서 택배물이 도착했다. 박스를 열자 엄마 냄새가 퍼져 올랐다. 빽빽한 묶음들 사이로 신문지로 돌돌 만 참기름 두 병이 지킴이처럼 서 있었다. 지난번에 갔을 때 마당가에 깻단이 둘러서 있던데 그 깨를 털어서 참기름을 짰나 보다. 딸이 좋아하는 고들빼기김치와 사위가 좋아하는 열무김치가 묵직하게 바닥을 깔고 있었다. 그 위로 물기가 스며들까 싶어 꽁꽁 얼린 재첩 봉지를 방패처럼 두른 후 들깨가루 봉지를 얹었다. 옆에 봉지 하나를 들자 고소한 냄새가 솔솔 뿜어져 나오는데 생깨가 아니고 볶은 깨였다. 바쁜 딸의 일손을 덜기 위해 깨까지 볶아서 보내셨다. 박스 틈으로 비스듬히 쓰러진 깻잎김치가 나도 있다고 손을 들었다. 노지에서 키운 깻잎은 얇아 양념을 묻혀 켜켜이 쟁인다 해도 찬기로 한 통 만들기가 쉽지 않다. 깻잎 한 장마다 엄마의 마음과 손길을 느끼며 정갈하게 찬기에 옮겨 담았다.

그 엄마가 지식들 몰래 도둑 수술을 하려다가 사위에게 들켰다. 택배가 도착한 뒷날, 남편이 엄마가 사는 인근 지역으로 출장을 갔다. 장모님 얼굴이라도 뵙고 가자 싶어 집으로 갔는데 문이 굳게 잠겨 있어 전화를 했다. 전화를 받은 엄마는 좀 멀리 와 있다고 했다. 어디 계시냐고 재차 물으니 사실은 진주에 있는 병원에 잠시 왔다고 했다. 남편은 이상한 낌새를 알아차리고 바로 병원으로 달려갔다.

남편이 병원에 도착하자 접수처 앞에서 배를 움켜쥔 엄마가 간호사와 실랑이를 벌이고 있었다. 엄마는 요로 결석으로 극심한 통증이 와서 수술해야 될 상황이었다. 자식도 없고 일가친척도 없다면서 그냥 수술해달라고 생떼를 쓰니 병원 측에서는 옆집 할머니 사인이라도 들어가야 수술을 할 수 있다며 누구라도 와야 된다고 하는 그 상황이었다. 그러던 중에 사위가 나타났으니까 엄마로서는 무안했을 것이고, 병원 간호사는 반가운 환자 가족이었을 것이다. 자식들을 걱정시키고 애태우기 싫어서 생떼를 부렸다는 것을 짐작만으로도 충분히 알 수 있었기에 더 애처로웠다.

요로 결석의 통증이 얼마나 극심한지는 들어서도 충분히 알 수 있다. 통증을 참으며 시골에서 첫차를 타고 왔을 엄마 생각에 가슴이 아렸다. 엄마의 억지를 생각하면 화가 나면서도 마음을 헤아리자니 말문이 턱 막혔다. 말이 간단한 수술이지 쉬운 수술이 어디 있겠는가. 수술을 앞두고 떨지 않는 사람 어디 있겠는가. 혼자 수술할 거라고 담대한 척했던 엄마도 자식이 곁을 지키자 긴장감이 풀어지는 듯이 보였다. 그때야 전날 받은 택배물의 의미를 알 것 같았다. 자식들 몰래 수술을 앞두고 어쩌면 마지막이 될 수 있겠다는 불안감에서 택배물을 보냈을 것이다.

수술을 마친 엄마를 보자 노령의 쇠약한 몸이 더 작아져 손 안에 든 작은 새처럼 보였다. 검버섯이 핀 앙상한 엄마 손을 잡아보며 우리 엄마 손이 아이 손처럼 이렇게 작았었나, 덮고 있는 이불 밑으로 나온 발을 만져 보며 이 작은 발로 숱한 걸음을 걸으셨을 생각에 나도 모르게 눈물이 떨어졌다. 엄마의 손과

발을 마치 처음 만져보는 것처럼 낯설어서 슬픔이 복받쳐 올랐다.

마취에서 깨어난 엄마는 간단한 수술이니까 3일만 입원해 있다가 시골집으로 가겠다고 했다. 삽입한 관에서 연신 핏물이 고여 나오는데도 괜찮다며 집으로 가시겠다니 애가 탔다. 옆에 입원 환자들이 그래도 수술인데 원기 회복할 겸 아들 집에 가서 당분간 안정을 취하는 게 좋을 것 같다고 거들어줘서 조금 수그러들었다. 결국 퇴원한 후 아들 집에서 며칠을 보내다가 고향집으로 내려갔다.

오늘도 엄마는 딸한테 전화를 걸어 마치 마주 보고 앉아서 이야기하는 것처럼 소소한 소재거리로 이야기를 엮어낸다. 내일은 장에 가서 장어를 좀 사다가 사위 좋아하는 장어국을 끓이겠다며 들뜬 목소리다. 날도 더운데 그러지 마시라고도 할 법 하지만 즐거워하시는 기운을 꺾으면 안 되겠다는 생각에서 엄마가 끓인 장어국이 최고라며 맞장구를 친다.

엄마의 약한 모습이 조금이라도 보이면 툭툭거리거나 무정하게 대한 딸이라 서운한 적이 많을 것이다. 아버지가 불의의 사고로 갑자기 돌아가셨기 때문에 심약해진 엄마가 강해져야만 살 수 있겠다는 생각에서 내린 내 나름의 방책이다. 그러니 여느 집 모녀처럼 살갑게 표현하면서 살 수가 없다. 언제나 마음을 드러내지 않고 엄마 말 끝의 여운을 쓰다듬고 위로하며 뒤돌아서서 눈물 흘리는 딸이다.

재 한 줌을 만난 기적

텃밭 귀퉁이에 감자를 처음으로 심었다. 씨감자를 심어본 건 처음이라 이것저것 정보를 찾아보았다. 감자는 통째로 심는 게 아니고 적당한 크기로 자른 다음 단면에 재를 묻히라고 했다. 그래야 잘린 면이 썩지 않고 무사히 뿌리를 내릴 수 있단다.

문제는 그 '재'였다. 예전에는 쉽게 재를 얻을 수 있었다. 어릴 적, 부엌 아궁이에 불을 지피고, 밥을 하거나 반찬을 만들고 나면 회색빛 부드러운 재가 남았었다. 엄마는 부지깽이로 아궁이 속의 재를 걷어 모았고, 소쿠리에 담아 두기도 했다. 재는 텃밭의 거름으로 썼고, 때론 쌀뜨물을 부어 재래식 비누를 만들었다. 하지만 지금은 아궁이도, 장작불도, 그런 부엌의 풍경이 사라진 지 오래다.

가스레인지와 전기밥솥이 주방을 대신했고, 나무를 태워 음식을 만드는 캠핑을 가야 겨우 만나는 이벤트가 되어버렸다. 그렇게 흔했던 '재' 구하기가 어려운 것이 된 것이다. 혹시 어딘가에 장작을 땐 흔적이 남아있지 않을까 싶어 오래된 화덕 근처를 뒤지고, 캠핑 갔을 때 쓰고 남은 숯더미를 뒤져보았다. 하지만 오래되었고 젖은 상태라 사용할 수 없었다. 삭은 화덕에서 떨어진 녹가루를 재라고 쓸 수 없는 노릇이었다.

재 파는 곳을 검색하다가 온라인 쇼핑몰에서 대나무 재 가루를 발견했다. 감자를 심기 위해 구입한 사람의 후기가 있었다. '감자 심기용으로 좋아요.' 라는 말에 안도하며 재를 주문했다. 도착한 비닐봉지 속에 담긴 가루는 부드럽고 검은빛을 띠었다. 기분 탓인지 아궁이 재 특유의 훈훈한 냄새가 나는 듯했다. 그 재를 감자 단면에 조심스레 묻히고, 바람이 잘 통하고 그늘진 곳에 하루쯤 두었다.

다음 날, 감자 조각 하나하나에 마음을 담아 흙 속에 묻으면서 이 잘린 씨감자서 어떤 생명이 자라날지 기대에 설렜다. 생을 보낸다는 건 생명의 움틈 앞에서는 있을 수 없는 일이었다. 날마다 감자 싹이 움트는지 확인했다. 한 달 만에 싹이 나더니 비가 내릴 때마다 까치발로 키를 키우듯 쑥 자랐다.

3개월 후, 수확의 날이 왔다. 호미를 들고 조심스레 흙을 파기 시작했다. 뿌리를 따라 흙을 걷자, 감자가 하나둘씩 얼굴을 내밀었다. 땅속에서 가타부타 없이 고요히 자라고 있었던 생명들이었다. 씨알 중 일부는 내 손바닥을 꽉 채울 만큼 자라 있었고, 주먹만큼이나 단단했다. 무엇보다 감동스러웠던 건 그 뿌리 중간에 여전히 남아있던 씨감자 조각이었다. 처음 심었던 그 반쪽, 색이 약간 바래고 말라 있었지만 모양은 또렷했다. 마치 '나는 여기서 시작했노라'고 말하는 듯했다.

줄기를 통째로 뽑아 들고 중앙에 있는 반쪽이 씨감자를 바라보았다. 조각이어도 괜찮았다는 것, 재 한 줌을 만나 생명이 된다는 것, 어릴 적 아궁이에서 본 흔한 재가 다시금 생명의 문턱이 되었다는 것, 이 모든 것이 묘하게 연결되어 마음에 울림이 일었다.

재는 그야말로 한 생명이 성장해서 하나의 열매를 맺을 때까지 보호막의 역할을 하는 울타리이다. 사람도 갓 태어나서 반쪽짜리 씨감자처럼 여린 살과 마음을 가지고 있는 존재가 아닌가. 그 여림에 흠이 들거나 상처가 나지 않게 막아주고, 독립할 수 있도록 해주는 것이 나에 있어서는 무엇이었던가. 어렸을 때는 부모님이고, 결혼을 해서는 썩지 않도록 막아주는 남편이고, 내 자식이다.

이렇게 씨감자가 주렁주렁 열매를 단것은 오로지 씨감자에 막을 입혔던 재가 아니었던가. 내가 어렵게 재를 구해서 넣어 줬기 때문에 저 씨감자가 무사했지, 그렇지 않았으면 썩어버렸을 것이다.

　재는 울타리 역할이다. 인간 세상에 저 홀로 존재할 수 없고, 보호막과 울타리 없는 존재는 없다. 재 가루에 몸을 맡긴 씨감자를 중심으로 주렁주렁 달린 결실을 보면 생명이란 이렇게도 기적 같고 신비로운 것이다.

흘릴 수 없는 생각

친구 시부님의 빈소를 찾았을 때의 일이다. 장내에는 고인이 노환으로 별세하셨기에 어두운 분위기는 아니었다. 오히려 오랜만에 만난 친구들과 지인들은 서로 안부를 묻거나 그동안 이런저런 살아온 이야기를 꽃피우며 화기가 감돌았다.

같은 테이블에 앉은 친구들은 어느 한 쪽이라도 상을 치른 경험이 있어서 장묘 형태와 장지는 어디로 정했는지 궁금해 했다. 그러자 상주인 A는 시부님이 돌아가시기 전에 있었던 이야기를 들려주었다.

몇 년 전에 앞서 돌아가신 시모님을 납골당에 모셨는데 시부님이 봉안실 모습을 보고서 이곳에서 얼마나 답답해하겠냐며 매우 언짢아하셨다. 서둘러 명당자리를 구한 후 시모님을 평장묘를 써서 다시 모셨다. 그 옆자리에 당신께서 머잖아 누우실 가묘를 정해 놓고 묏자리 주변을 단장했다. 어찌나 깔끔하게 해놓으셨는지 상 중에 장지 때문에 상주들 의견이 분분할 이유가 없어 수월하다고 했다.

　작년에 시모님을 먼 길로 배웅한 B 친구가 말을 이어갔다. 시모님이 병석에 계실 때 사후에 화장火葬당하기 싫으니 매장묘로 해달라는 유언을 하셨다. 옛날같이 상여꾼이 있는 것도 아니고, 젊은 사람들이 있다고 한들 관을 메고 산으로 간다는 게 지금에는 있을 수 없는 일이 되었다. 유언을 어길 수 없어 야산 묘터로 가기 위해 포클레인으로 없는 길을 내가며 트럭으로 옮겨 매장 묘로 모셨다. B 친구의 생고생한 이야기를 들으며 모두가 탄식했다.

　이번에는 C 친구가 이야기를 이어갔다. 손윗동서가 큰 병을 얻어 한 달 만에 갑자기 떠났다. 예상치 못한 상을 당하여 장지가 미리 정해져 있는 상황이 아니었다. 시숙의 고심 끝에 고인이 평소 친구들과 자주 다니던 등산로에 뿌려 자연장으로 치렀다. 한 줌 재가 되어 손끝에서 사라졌다 생각하니 마지막이 처연했다.

　이쯤 되니 나는 몇 년 전에 돌아가신 고숙이 생각났다. 구십

중반에 이른 고숙은 유언으로 봉분을 최대한 높여서 될 수 있으면 묘를 크게 만들라고 하셨다. 그 말에 우리는 왕릉도 아니고, 죽어서까지 욕심을 부리시나 싶어서 뒤돌아서서 씁쓸하게 미소를 지었다.

고숙이 막상 떠나시자 자식들은 유언과는 정반대로 평장 묘를 썼다. 이유는 산소를 돌볼 때 풀숲이 우거진 길을 오르내리기가 힘들고, 무엇보다 먼 나라에서 생활하는 자식들에게 묘 관리하기가 쉽지 않아서였다. 죽고 나면 모든 게 허사고, 산 자가 실세고 선택권이 있다는 것을 말해 무엇하겠는가.

2년 정도를 지나 보니 고숙이 왜 그런 말씀을 하셨는지 알 것 같았다. 묏자리가 있는 고숙 밭은 주변이 덤불숲이라 봉분을 크게 하지 않으면 찾기 쉽지 않을 자리였다. 꼬장꼬장한 성품으로 앞일을 예견하셨을 거라는 생각을 뒤늦게 했다.

성묘 철이 되면 고모는 요양병원에 계시고, 타국에 사는 자식들은 올 리 없고, 한 동네에서 수십 년을 같이 산 엄마만 안달했다. 일종의 의리가 책임감이 된 것이었다. 칡넝쿨이 우거져 멀리서 보면 덤불 속에 묘가 들어 있을 거라고는 상상이 안 될 정도였다. 엄마는 벌초 대행업체에 의뢰를 하여 먼발치에 서서 목청을 높였다.

"거기, 저기, 아니면 그쯤, 저쯤 잘 좀 찾아보소."

엄마의 애타는 목소리는 위치 추적기나 다름없었다. 더군다나 평장 묘라서 찾기가 몇 배는 힘들었다. 예초기로 사방을 훑고서야 겨우 찾았다. 그 수고로움에 정해진 벌초비용에다 얼마를 더 얹어 줘야 했다. 이러는 엄마 모습을 보면서 엄마도 저 산밭에 누워 있는 아버지 옆에 묻히고 싶냐고는 아직 묻지 않았다.

집으로 돌아오면서 나는 과연 어떤 장묘 형태를 선호할 것인가를 생각했다. 죽고 나면 나의 선택도 결국에는 산 자들의 몫이 될 수 있기에 지금으로선 선호라는 단어를 쓸 수밖에 없다.

사는 도시의 입구로 들어서는데 또 다른 장례식장 간판이 보였다. 집으로 오는 내내 흘릴 수 없는 생각이 깊이 파고들었다.

다정도 병인 양하여

 문득 이런 생각이 든다. 나는 왜 이토록 정이 많을까? 누군가의 애잔한 말 한마디가 오래 머물고, 맥없이 흘러가는 표정 하나에도 가슴이 저릿한 이 마음은 도대체 어디에서 왔을까.
 어릴 적, 엄마는 늘 나에게 말하곤 했다.
 "넌 참 속없이 웃고 다니고 정이 많아서 걱정이다."
 나는 그 말이 칭찬인 줄 알았다. 정이 많다는 건 착한 일이라 알았고, 사람들에게 다가가 손 내미는 것이 사랑을 주는 일이라고 여겼다. 하지만 살다 보니 세상이 그렇게 단정하기에는 녹록지 않았다. 내가 내민 손을 잡는 이도 있었지만, 그 손을 놓고 떠나는 이도 있었고, 때로는 그 다정함을 당연히 여긴 채

상처를 주는 이들도 있었다. 나의 다정함이 누군가에는 짐이 되고 누군가에게는 이용당할 빌미가 되기도 했다.

그래서였을까. 어느 순간부터 다정도 병인가 싶어 나를 살펴보게 되었다. 하지만 그런 나를 오래 들여다보면 여전히 사람을 좋아하고, 누군가의 마음에 따뜻한 불빛이 되고 싶은 그 본래의 내가 변함없었다. 아무리 다정이 병이 된다 해도 그 병마저 나의 일부라면 그저 조심히 껴안고 살아갈 수밖에 없지 않을까 하고 자기합리화를 시켰다.

아버지가 정이 많은 분이었다. 그러고 보면 부전여전이 찰떡같이 어울리는 말이다. 정이 붙은 곳엔 안 끼는 곳이 없었고, 마을에 자잘하게 살펴볼 일이 생기면 서슴지 않고 앞장섰다. 승용차로 길 가다가 나이 드신 분들을 만나면 거리 생각지 않고 태워 다녔다. 읍내 나가면 저잣거리에서 행상을 하는 어르신들께는 국수를 사드리거나, 짐꾼에게는 막걸리를 사드렸다. 당신 쓰는 돈보다 인정으로 흐르는 돈이 더 많다 보니 엄마는 '정이 너무 많아서 탈이다.'라고 입에 달고 살았다.

아버지 성품이 따뜻한 분이라서 이해 못 할 건 없었다. 하지만 '너무 사람 좋다', '너무 정이 많다', '너무 어질다' 등 사람들이 하는 그 말들은 모두 따뜻한 칭찬 같지만, 그 앞에 붙은 '너무'라는 말이 자꾸 마음에 걸렸다.

'너무'는 경계에 서있는 말이다. 감정이 흘러넘쳐 주변을 적시는 순간 사람들은 '너무'라는 단어를 꺼낸다. 좋은 것이 지나치게 좋을 때가 아니라, 좋음 때문에 상처받을지도 모를 때 우리는 그 앞에서 '너무'를 붙인다.

정이 많은 사람은 사실 정이 많은 만큼 상처도 많이 받는다. 다정한 사람이 늘 웃고 있으면 사람들은 그 마음을 알아채지 못하고 그저 말한다.

"너무 정이 많아서 그래."

마치 그게 결점이라도 되는 것처럼 아니면 어떻게 할 수 없는 타고난 기질인 것처럼 말한다.

어질다는 말도 마찬가지다. '너무 어질다'라는 말은 그 사람이 세상의 날카로움 앞에서 스스로를 다치게 할지도 모른다는 불안의 다른 말이다. 그래서 '너무'라는 말에는 한 사람의 빛과 그림자가 동시에 깃들어 있다. 그 사람의 선함을 좋아하면서도 그 선함이 다치지 않기를 바라는 조용한 염려가 숨어 있다.

'너무'는 어쩌면 균형에서 약간 기울어진 말일지도 모른다. 그러나 그 기울어진 마음들 덕분에 세상이 덜 차갑고, 삶이 덜 외롭지 않을까. 아버지 돌아가시고 그 많은 이름 모를 조문객들을 보면서 아버지의 다정이 통하는 삶을 사셨다는 걸 깨닫고 더 존경의 마음을 가지게 되었다.

요즘 들어 거울을 들여다보면 익숙한 눈빛이 나를 바라보고 있는 듯한 기분이 든다. 어쩌면 그건 내 눈이 아니라 아버지의 눈인지도 모른다. 그 따뜻한 눈, 늘 사람을 품고 있던 그 눈빛.

어릴 때는 아버지가 언제나 웃는 얼굴로 자리와 사람을 가리지 않고 인정을 베푸는 모습이 손해 보는 것처럼 보였고, 걱정스럽기도 했다. 그런데 이제 와서 내가 그러고 산다. 누군가의 힘든 한마디에 가슴이 움직이고, 도움이 필요하단 눈빛 하나에도 손이 먼저 나간다.

사람들은 말한다. 그렇게 정이 많아서 어쩌냐고. 그럴 때면 아버지를 닮아서 그렇다고 웃으면서 대답한다. 내 다정을 아버지 닮았다는 이유로 만드니 때로는 따뜻해서 울컥하고, 때로는 아려서 눈물겹지만 이 마음이 좋아진다.

요즘은 내 안에 있는 다정함을 자꾸 조심스러워한다. 그래서 내가 먼저 말한다.

"정이 많아서 푼수 같아서 미안해요."

"무슨 소리야, 복받을 거구먼."

그렇게 대답해 주는 이들이 있어 위로가 된다.

나는 아버지의 정을 닮은 사람이다. 그것이 내 삶의 이유가 되고, 세상에 건네는 나만의 방식이 된다. 다정도 병이라지만 그 병이 아버지에게서 온 것이라면 나는 기꺼이 껴안고 살아갈 것이다.

꽃길 언저리

 매스컴에서 연일 남도의 봄소식을 알려준다. 섬진강변 꽃소식은 그곳에서 나고 자란 내 마음을 들뜨게 만든다. 섬진강 그 유장한 물줄기를 따라 봄 한가운데로 풍덩 빠지게 한다.
 섬진강을 찾는 행락객들은 봄 풍경을 오롯이 누릴 수 있는 지역 사람들을 부러워한다. 하지만 주객이 전도되어 꽃길은 고스란히 상춘객의 몫이 된다. 주인이면서도 주인 행세를 못한다. 그래서 본토 사람들은 제철의 절정을 누리기가 쉽지 않다. 그저 인산인해만 볼 뿐이다. 그런데 봄 매화가 한창 피어날 적에 엄마의 토씨 하나 틀리지 않고 입력된 말이 전화선을 타고 들린다.

"야야, 오지마라. 오지마라, 복잡하다. 오는 데 하루 걸리고 제날 못 갈 수도 있대이." 하고 오지말기를 바라는데 그 이면에는 매화가 피는 봄 계절, 섬진강변에 슬픔을 안고 있는 그리움이 있기 때문이다.

엄마는 애써서 오지마라고 해서 그 자리를 피하지만 나는 오히려 그리움으로 아버지 중심이 되어 있는 섬진강과 매화 밭으로 변한 논 모습을 눈에 담으러 엄마 몰래 간다.

하동포구 초입에 우리 집 매실 밭이 있다. 내 감성으로는 여기서부터 섬진강 꽃길이 시작된다. 강 따라 엿가락 늘어지듯이 길게 자리 잡고 있어 적당한 넓이의 만개한 매화 감상하기에는 안성맞춤이다. 해마다 상춘객들이 꽃 축제가 열리는 곳까지 길이 막히면 우리 밭으로 내려와 꽃가지를 잡고 사진을 찍곤 한다.

그 매화 밭에 섰다. 신선한 공기가 꽃향기를 더 짙게 감싼다. 꽃 속을 거닐며 짧은 혀로 표현할 수 없는 언어의 한계를 느낀다. 눈으로 코로 감상이 흘러들다가 목구멍에서 턱 걸리고 만다.

어느 날, 아버지가 불의의 사고로 갑자기 돌아가셨다. 비통한 나날을 보내며 곡기마저 멀리하시던 엄마는 사투를 벌이듯 아버지가 벼농사를 짓던 논을 메꿔 밭으로 만들었다. 그런 다음 그 넓은 땅에다 매실 묘목을 심었다. 철없이 섣부른 마음에서 아버지 흔적을 급하게 지우는 것 같아 서운하기까지 했다. 묘목이 자리를 잡고 꽃가지가 풍성하게 뻗은 후에야 아버지가 아끼던 논을 왜 매실 밭으로 만들었냐고 물었다. 엄마는 그렇게라도 발광을 하지 않으면 생각이 나서 살 수 없을 것 같았다고 했다. 못 다한 명을 거둬간 하늘에 대한 원망이 깊고도 깊어 애꿎은 땅에라도 한풀이를 하고 싶었다는 말에 가늠할 수 없는 아득함이 밀려들었다.

칠순만 되면 일손 놓고 엄마와 함께 산천 따라 놀러 다닐 거라던 아버지는 아홉수를 넘기지 못하고 이승의 문턱을 넘고 말았다. 약속은 손가락 사이로 새는 바람과 같이 흔적 없이 사라졌다.

새하얀 봄이 들면 옆자리에 엄마를 태우고 뒷자리는 동네 분들로 채워서 웃음을 싣고 꽃나들이를 다니시던 아버지가 엄마의 매화 밭에서 그리움으로 피어난다.

오늘처럼 눈이 시린 꽃빛이 온 밭을 채우면 엄마는 무슨 생각을 하실까. 행여 꽃 숲에 그리움이 우거질까 두렵다. 흐르는 물길 옆에 밭이 있어서 그나마 다행이다. 엄마는 아버지 부재에 대한 서러움을 저 강물에 끊임없이 흘려보냈을 것이다. 서러움이 흐른 자리에 그리움이 흘러들기를 반복하며 못 죽어서 살다가도 못다한 삶을 곱으로 살기 위해 악착같이 생을 지탱했노라고 하얀 꽃 속에 배여 있는 슬픔이 말을 거는 듯하다. 꽃잎 하나가 내 어깨 위에서 한참을 머물다가 간다.

  상춘객이 붐비는 섬진강변은 아버지에 대한 슬픔과 그리움의 흔적이 있는 곳으로서 매화꽃 피고 봄 정취에 흥청거릴수록 오히려 오지 말라는 엄마의 변하지 않는 레퍼토리에서 슬픔을 본다.

그 많던 올챙이들은 어디로 갔을까

    정원 한편에 오래된 돌확이 있다. 햇볕에 그을린 돌 표면은 오랜 세월을 견뎠다는 듯 거칠고, 틈마다 이끼가 얇게 입혀있다. 처음 그 돌확을 마주했을 땐, 정원을 가꾸는 소품 정도로만 여겼다. 하루는 그 안에서 작고 까만 움직임을 보았다. 가까이 가서 들여다보니, 검은 점들이 긴 꼬리를 흔들며 물결을 따라 부드럽게 움직이고 있었다. 올챙이들이었다. 무심한 봄비가 채워준 물속에서, 생명이 깃들어 있었던 것이다. 나는 신기한 마음에 한참을 들여다보았다. 그 조그마한 몸체들, 투명하게 빛나는 꼬리, 제법 민첩하게 움직이는 물살 속의 움직임이 신기했다. 그날 이후로 나는 자주 돌확 앞에 앉았다. 마치 정원 속에 작은 연못이 생긴 듯한 기분이었다. 생명체들은 조용히 자라고 있었다. 눈에 보이지 않을 만큼 느린 변화였지만 돌확 속의 생명은 쉼 없이 흐르고 있었다. 작고 미약하지만 분명히 존재하는 생의 움직임이었다. 나는 그 모습을 지켜보며 자주 알 수 없는 감정에 젖었다. 어릴 적, 골목길 고무 대야에서 올챙이를 길러보던 기억이 떠올랐다. 학교에서 돌아오자마자 바지춤을 걷어 올리고 대야에 코를 박고 들여다보던 어린 시절의 나, 그때도 나는 작은 생명을 한없이 사랑스러운 눈으로 바라봤고, 하루가 다르게 달라지는 그들의 모습을 놀라움과 기대 속에 지켜보곤 했다. 세월이 흘러 어른이 되었지만 그 돌확 앞에서 다시 그때의 나로 돌아간 듯했다.

여름이 시작되고, 더위가 기승을 부리자 정원 일은 점점 바빠졌다. 풀을 뽑고, 시든 꽃을 다듬고, 가지를 솎아내느라 정신이 없었다. 햇살은 강했고, 나는 점점 돌확을 잊어갔다. 하루 이틀, 그렇게 한동안 그 자리를 찾지 않았다.

어느 날, 문득 돌확의 생명체들이 떠올랐다. 그 많던 올챙이들은 잘 자라고 있을까? 개구리가 되었을까? 나는 조금은 두려운 마음으로 돌확 앞으로 다가갔다. 그런데 이상했다. 그 많던 올챙이들은 모두 사라지고 없었다.

물은 여전히 고여 있었고, 이끼가 짙어져 있었다. 그러나 생명의 흔적은 보이지 않았다. 나는 멍하니 돌확을 들여다보았다. 그 많던 올챙이들은 다 어디로 갔을까. 무사히 자라 개구리가 되었을까. 아니면 물이 줄어들고 햇살이 내려앉는 틈에 조용히 스러졌을까. 그 짧은 머묾이 꿈이었는지, 현실이었는지조차 아득해졌다.

그 순간, 내 삶을 스쳐간 사람들의 얼굴이 하나둘 떠올랐다. 어릴 적 매일같이 붙어 다니며 깔깔 웃던 친구들, 꿈을 좇아 어느샌가 다른 길을 걷게 되었고, 더러는 연락처도 알 수 없고 얼굴도 기억 속에서 흐려졌다.

청춘 시절엔 돌확이 자주 넘쳤다. 설렘도, 갈등도, 눈물도 그득했다. 뜨거운 우정, 격정적인 사랑, 끝인 줄 몰랐던 관계들이 그때는 영원할 줄 알았다. 하지만 세월이라는 햇살은 결국 돌확의 물을 증발시켰고, 남은 것은 바닥에 얇게 남은 흔적뿐이었다.

돌확은 깊지 않다. 그래서일까. 많은 인연이 오래 머물지 못했다. 하지만 잠시라도 머물렀던 존재들은 그 짧은 시간만으로도 내 마음을 출렁이게 했다. 누군가는 잠시 스쳐간 사람도 잊지 못한다고 말한다. 그 말이 왜 이토록 가슴에 와닿는지 이제야 알겠다. 스쳐간 인연들이 남긴 물결은, 시간이 지나도 쉬이 가라앉지 않았다. 이제는 안다. 삶이란 돌확처럼 크지 않은 그릇 속에서 오고 가는 인연들을 조용히 담아내는 일이라는 걸. 그릇이 크지 않기에 더 귀하게 여겨야 하고, 물이 마르지 않도록 지켜보아야 한다는 걸.

나도 누군가의 돌확 속에서 머물렀던 적이 있었을 것이다. 어느 봄날, 어느 이의 마음에 들어가 조용히 유영하다가, 말없이 사라졌던 그런 존재였을지도 모른다. 누군가에게 잊히지 않는 흔적으로 남아있으면 좋으련만.

삶은 끝없이 이어지는 인연의 물결이다. 우리는 모두 각자의 돌확을 가지고 살아간다. 그 안에는 수많은 이름들이 머물렀다 떠나며, 흔적을 남기고 파문을 일으킨다. 그리고 그 물결이 오늘의 나를 이루고 있다.

정원의 돌확은 여전히 그 자리에 있다. 이제는 올챙이 대신 이끼와 빗방울이 차오르지만 다시 어느 날, 뜻하지 않게 생명이 찾아들지도 모른다는 것을 안다. 그 짧은 머묾이 또다시 내 마음을 흔들고 갈지도 모른다는 것을 말이다.

나는 오늘도 돌확 앞에 조용히 선다. 그리고 묻는다. 내 인생의 돌확 속에는, 과연 어떤 인연들이 머물다 갔을까. 그리고 나는 또 누구의 돌확 속에 스쳐간 생명이었을까?

> 발문

서사와 서정으로 짠 다정의 무늬

서사

　인간은 서사적 존재이다. 나서 죽을 때까지 단방향의 외길 인생 위에 숱한 이야기를 쓰고 남기는 존재이다. 우리의 삶이 거기가 거기인 듯 닮아 보이지만 그 안을 들여다보면 제각각 다른 무늬와 색깔을 가지고 있다. 같은 시간, 공간에서 같은 사건을 만나도 각자가 다른 스토리를 구성하여 기억의 저장고에 쌓아감으로써 자기 모습을 완성해 간다.

　수필은 이렇게 퇴적된 인생 서사를 불러오는 작업이다. 망각의 강물에 흘려보내지 못한 것들을 재현하는 일이다. 더러는 애써 간직하고 싶었던 것들이고, 더러는 잊어버리자고 하나 버티고 있는 것들을 이쯤에 와서 다시 품어 보는 일이다. 이렇게 개인의 서사를 한 가닥 한 가닥의 실로 풀어내고 가로세로 직조해 가다 보면 그 사람의 정체성이 보이고, 글의 무늬와 색깔이 선명하게 드러나게 된다. 이제 첫 수필집을 내는 수필가 김봄의 『시선의 무늬』에 담긴 서사와 서정의 세계를 살펴보고 싶어진다.

섬진강

섬진강은 김봄의 외면과 내면의 배경이다. 어쩌면 삶과 글의 온전한 바탕일 수도 있겠다. 하동포구 팔십 리는 그의 유년시절 놀이터다. 아니, 성장기를 지나 지금까지 그의 삶의 키워드이다. 강은 늘 다른 모습으로 그에게 다가왔다. 눈을 뜨면 햇살에 빛나는 푸른 빛의 강물이 그를 올곧은 심성의 소유자로 성장하게 하였다. 흔들림 없이 잠잠하게 흘러가는 강물은 온유함과 따뜻함을 품게 했고, 끊어지지 않는 강물의 유장함은 그에게, 한번 잡으면 놓지 않는 끈기를 가르쳤다. 재첩잡이를 하는 가족들의 힘든 모습에서는 삶의 현장이 얼마나 사실적인가를 느끼게 했다. 건너편의 산이 강에 내려와 온종일 모양과 색을 달리하며 노니는 모습은 그에게 하나의 사물이 얼마나 다양한 속성을 지니는지를 일깨웠다.

이런 섬진강의 너른 품이 그를 예술의 세계로 이끌었다. 김봄은 화가이다. 개인 전시회를 여는 프로 한국화가이다. 아버지의 서예를 이어받아 서각가로도 활동 중이고, 한편으로는 무용을 익혔다. 하동포구에서 건져 올린 재첩의 기억은 그의 취미이자 특기가 된 요리 연구의 재료가 되었다. 지금은 차문화학 박사과정 중에 있으며, 청소년 인성교육 강사다. 그리고 글을 쓰는 문인이다. 지금의 그를 키운 건 섬진강 하동포구 팔십 리였다.

하지만 강은 늘 온화하지 않았다. 바람이 불면 일렁거렸고, 태풍을 만나서는 온몸을 뒤집었다. 불시에 아버지를 데려간 것도 강이었다.

"더위가 한창 기승을 부리던 8월, 아버지는 여느 때처럼 새벽녘에 양식장으로 나갔다. 부유스레하게 여명이 비칠 무렵, 시동이 켜진 빈 배만 강을 거슬러 올라왔고, 아버지 모습은 보이지 않았다. 지금도 믿고 싶지 않지만 혼자 나간 강길에서 실족사를 당하여 다시는 못 올 길로 떠나고 말았"으니(「아버지의 손」) 섬진강은 그와는 뗄 수 없는 애증의 강이다.

서정

서사는 서정의 옷을 입고서야 비로소 문학의 경계 안에 든다. 수필은 서사를 불러와 서정으로 해석하고, 사유로 마감하는 문학이다.

하동의 포구마을을 배경으로 한 「별보네 집」은 유년의 순수를 그린 동화 같은 서정수필이다.

이웃에 엿장수 할아버지가 있었다. 작은 체구에 얼굴은 쭈글쭈글 주름으로 덮여있어 못생겼다고 사람들은 별보라고 불렀다. 경수는 그 할아버지의 어린 손자로서 작가의 또래였다. 놀림을 받는 할아버지를 둔 경수의 처지가 얼마나 위축되고 곤혹스러웠을까. 그런 그가 은근슬쩍 작가에게 도움을 준다. 상처 입은 아이가 내미는 손이다. 글 말미에 이사를 가면서 경수가 외치는 한마디가 압권이다.

"너그는 바보들이네. 별보가 무슨 뜻인고 아나? 별처럼 아름다운 보석이라는 뜻이거든." "야, 별보들아, 잘 살아라!"

마치 어느 단편소설 속의 한 장면처럼 온갖 풍경을 담고 있어 울컥 감성을 흔들어 놓는다.

「비빌 언덕」도 서정이 넘치는 글이다.

사업에 실패한 젊은 딸네 집에 친정아버지가 볼일을 겸하여 들리겠다는 연락이 온다. 세간살이를 줄여 좁은 곳으로 옮긴 터라 하룻밤을 묵어간다고 할까봐 딸은 가슴을 졸인다. 비가 추적 내리는 날, 시외버스 터미널에서 아버지를 보내는 딸의 가슴은 미어진다. 돌아서는 길, 가방 속에 돌돌 말린 것을 보고 열어보니 지폐 몇 장과 한 줄의 글이 쓰여 있다. "정 힘들면 그때는 아버지한테 말해라." 딸은 비 내리는 터미널에서 가슴을 치면서 아프게 운다. 세상 부녀간에 일어날 익숙한 서사이지만 작가만의 섬세한 서정이 주제를 너끈하게 완성하였다.

재미

　사람 사이의 관계는 거울과도 같다. 누군가를 바라보다가, 문득 나 자신을 들여다보게 되고, 이해하려는 순간, 오히려 내가 이해받고 있다는 걸 알게 된다. 세컨하우스가 있는 마을에서의 나날, 이름도 모르는 이웃과 주고받은 정을 통해 나 또한 그 속에서 조금씩 나를 알아갔다. 관계란 결국, 타인을 통해 나를 비추는 일이다. 그러니 관계의 문제는 단지 '그들'을 향한 것이 아니라, 내 안의 결을 읽어가는 길이기도 하다. - 「작가의 말」

　수필집 2장의 십여 편 글은 사람과 사람의 관계를 주제로 삼은 테마수필이다. 세컨하우스인 농가주택에서 현지인과 외지인과의 대립과 화해를 다룬 글들은 복잡한 세상의 축소판인 양 흥미진진하다. 개인적으로 이번 수필집에서 가장 가독성이 높은 글들로 평가하고 싶다. '택호 신고식'에서 또댁이라고 불리는 할머니의 명명命名 연원이 폭소를 자아내게 하고, 구십이 넘은 '길재 어르신'을 통한 처연한 농촌의 현실, 외지인의 땅을 침범해서 속을 뒤집는 이웃 할배의 능청스러움, 사고를 낸 '만복 할배'와의 무언의 타협, 가짜 해병대 아저씨의 생존법 등등의 인물 묘사가 마치 만인보의 인간관계를 보는 듯 독자를 미소 짓게 한다. 거기다가 이질에서 동질로 넘어가는 관계 설정에서 긴장과 이완을 능숙하게 넘나드는 작가의 필력이 무릎을 치게 한다. 지나치게 진지하거나 과도하게 감상에 치우쳐 있는 작금의 수필 풍토에서 오랜만에 유쾌한 수필을 만나는 기쁨을 누린다.

여기서 문득 드는 생각이 문학성을 앞세운 무미한 글과 주제는 약하나 재미가 넘쳐나는 글 중에 어떤 글을 택할 것인가 하는 고민이다. 절대 비교는 어려울 것이나 재미있는 글에 가점을 주고 싶다. 대체로 재미없는 글은 독자에게 접근조차 어려운 게 요즘 수필의 흐름이다. 그러나 김봄의 글을 두고 걱정할 까닭이 없다. 그의 글은 그저 재미만 주는 것이 아니라 인간 희로애락의 본질을 해학이라는 고도의 작법으로 주제를 수렴해 나가고 있기 때문이다.

다정多情

김봄의 수필 기저에 깔려 있는 정서는 정情이다. 수필로 미루어 보아 작가는 분명 정이 많은 사람이다. 만들어서 보여주는 정이 아니라 본성에서 우러나는 다정함이 수필의 내면과 이면에 스며 있다. 아마도 부모님의 품성을 이어받은 듯하다

문득 이런 생각이 든다. 나는 왜 이토록 정이 많을까? 누군가의 애잔한 말 한마디가 오래 머물고, 맥없이 흘러가는 표정 하나에도 가슴이 저릿한 이 마음은 도대체 어디서 왔을까?

어느 순간부터 다정도 병인가 싶어 나를 살펴보게 되었다. 하지만 그런 나를 오래 들여다보면 여전히 사람을 좋아하고, 누군가의 마음에 따뜻한 불빛이 되고 싶은 그 본래의 내가 변함없었다. 아무리 다정도 병이 된다 해도 그 병마저 나의 일부라면 그저 껴안고 살아갈 수밖에 없지 않은가. -「다정도 병인 양하여」

김봄의 다정함은 대상에 경계를 두지 않는다. 그의 시선은 마음에 담은 사랑만큼 눈길이 가는 곳마다 따뜻한 장면을 발견한다. 폭우가 쏟아지는 날, 비에 젖은 오리 가족의 피난을 걱정하고, 세컨하우스에서 주민과의 관계에서도 정을 먼저 앞세운다. 일상에서 사용하는 그릇 하나도 단순한 생활도구로 여기지 않는다. 하나의 다완, 찻잔에도 내가 걸어온 시간과 감정이 스며있다고 온기를 불어넣는다. 노점상의 할머니, 택배 아저씨의 배달에도 시선이 오래 머문다. 일찍 세상을 떠나신 아버지에 대한 그리움, 홀로 계시는 어머니로 향한 걱정, 그 어머니가 주시는 말끝의 여운을 쓰다듬고 위로하며 뒤돌아 서서 눈물을 흘리는 마음은 모두 병인 듯 넘쳐나는 그의 다정함의 모습이다. 특히 남편에 대한 사랑은 각별하다. 남편의 생일을 집안의 최대 행사로 치는 아내, 남편의 내의를 최고의 부적으로 여기는 아내가 작가이다.

세상이 캔버스이고, 세상을 바라보는 시선이 붓이라면 그는 사랑을 볼 수 있는 눈, 다정한 세계를 기억하는 마음, 그런 무늬로 그의 삶을 그리고 싶어 한다.

김봄의 수필은 글로 그린 그림이다. 그가 그린 섬진강 하동포구가 내 집 앞을 흐르는 강물처럼 선명한 풍경으로 다가온다. 그의 세컨하우스가 서 있는 묵은 마을의 모습은 낡은 내 고향집을 찾는 듯 낯익다. 문득 가던 발길을 잠시 멈추고 기억의 문을 두드리는 그의 뒷모습이 마치 내가 그가 된 듯, 같은 모습으로 뒤를 돌아보게 한다.

그 풍경 속에 담은 서사는 수필의 본질이 그러하듯 소소한 일상들이다. 세월 따라 많은 것들이 변화를 거듭하였지만, 그때의 시간과 공간에서의 공기, 목소리, 냄새, 체온들이 있고, 이름도 모르는 이웃과 주고받은 대화, 눈에 잘 띄지 않지만 분명히 존재하는 감정의 실금과 그 무늬들의 이야기들이다.

그는 이 서사에 정情이라는 색을 입혀 그리움과 안타까움, 슬픔과 해학의 서정을 완성했다. 그의 수필이 깊이 있는 사유를 품은 것은 오랜 시간 끊임없이 단련해 온 필력과 열정 때문일 것이다. 이제 세상 속으로 먼 길을 떠나는 그의 문도에 기대와 격려를 모두어 보낸다.

- 홍억선(한국수필문학관장)

우리시대의 수필 작가선 120

시선의 무늬

김봄 2025

인쇄일 | 2025년 11월 01일
발행일 | 2025년 11월 05일

지은이 | 김봄
엮은이 | 이유희
편집인 | 이숙희
발행처 | 수필세계사
인쇄처 | 포지션

출판등록 | 2011. 2. 16 (제2011-000007호)
주소 | 41958 대구광역시 중구 명륜로 23길 2
연락처 | Tel (053) 746-4321 / Fax (053) 793-8182
E-mail | essaynara@hanmail.net

값 15,000원
ISBN 979-11-93364-20-8

이 책은 경상남도, 경남문화예술진흥원의 문화예술지원사업 보조를
받아 발간되었습니다.